Königs Erläuterungen und Materialien
Band 31/31 a

Erläuterungen zu Friedrich Schiller Kabale und Liebe

Von Dr. Martin H. Ludwig

C. Bange Verlag — Hollfeld/Ofr.

Herausgegeben von Dr. Peter Beyersdorf,
Gerd Eversberg und Reiner Poppe

2. überarb. Auflage 1982
ISBN 3-8044-0222-4

Druck: Lorenz Ellwanger, 8580 Bayreuth, Maxstraße 58/60

Inhalt

III. ARBEITSFRAGEN

IV. LITERATURVERZEICHNIS 140

I. Schillers Leben –

Daten und Hinweise zur Entstehungszeit und zur Aufnahme von „Kabale und Liebe"

1759 am 10. Nov. wird Johann Christoph Friedrich Schiller in Marbach/Neckar geboren.

1764 Familie Schiller lebt in Lorch (bis 1766).

1766 Schillers Vater, der Hauptmann Johann Kaspar Schiller, wird nach Ludwigsburg versetzt.

1767 Schiller kommt auf die Ludwigsburger Lateinschule. Er soll später Geistlicher werden.

1772 Schiller wird in der Ludwigsburger Garnisonskirche konformiert.

1773 Schillers Vater bringt seinen Sohn nach dreifacher Aufforderung auf die „Militär-Pflanzschule" (Militärakademie), auf der der Herzog den Verwaltungsnachwuchs seines Landes heranziehen will.

1774 Schillers Vater unterschreibt einen Revers, der den Sohn ganz dem Herzog Karl Eugen überläßt. Hierin gelobt er, daß Friedrich „sich gänzlich den Diensten des Herzoglichen Württembergischen Hauses widmen und ohne darüber zu erhaltende gnädigste Erlaubnuß aus demselben zu tretten nicht befugt seyn... werde." Schiller beginnt auf der Schule des Herzogs ein Jura-Studium.

1775 Schillers Vater wird aus dem Militär entlassen und vom Herzog zum Intendanten der herzoglichen Hofgärtnerei auf der Solitude ernannt, d. h. Leiter aller herzoglichen Gartenanlagen im Lande im Range eines Majors. Der junge Schiller wechselt vom ungeliebten Jura-Studium zum neueingerichteten Studiengang Medizin, der nach damaliger Übung auch philosophische und psychologische Kurse enthielt.

1776 Das erste gedruckte Gedicht erscheint: „Der Abend" (veröffentlicht im „Schwäbischen Magazin").

1778 Schiller schreibt einen medizinischen Bericht über die Todesursache eines Mitschülers: „Beobachtungen bei der Leichen-Öffnung des Eleven Hillers".

1779 Schillers erste – allerdings ein Jahr vor der Zeit eingereichte – Dissertation wird abgelehnt, vor allem wegen der allzu kühn empfundenen Angriffe auf anerkannte Autoritäten. Dennoch erhält Schiller bei den Jahrgangsprämierungen zwei Auszeichnungen.

1780 Schiller hält die Akademierede zum Geburtstag der Mätresse des Herzogs, der Reichsgräfin Franziska von Hohenheim: „Die Tugend in ihren Folgen betrachtet".

1780 Schiller reicht die Dissertation „De discrimine febrium inflammatorium et putridarum" ein. Eine weitere, deutsch geschriebene Dissertation „Versuch über den Zusammenhang der tierischen Natur des Menschen mit seiner geistigen" wird gedruckt. Der an der Schule des Herzogs erworbene Doktorgrad berechtigt allerdings nicht zur Eröffnung einer Praxis. Hierzu hätte Schiller in Tübingen nach einem weiteren Jahr Studium eine erneute Dissertation fertigen müssen. Da hierzu die Mittel fehlen, nimmt er die Stelle eines zweiten Regimentsmedikus in Stuttgart an. Das kümmerliche Gehalt von 18 Gulden im Monat ist einer der Antriebe, literarische Arbeiten zu veröffentlichen.

1781 Schiller arbeitet an den „Nachrichten zum Nutzen und Vergnügen" mit. Nach vierjähriger Arbeit stellt er sein erstes Drama, „Die Räuber" fertig.

1782 Uraufführung der „Räuber" in Mannheim (13. 1.). Schiller reist ohne Erlaubnis hin. Nach einer zweiten unerlaubten Reise nach Mannheim bestraft der Herzog Schiller mit 14 Tagen Arrest und untersagt ihm jede weitere nichtmedizinische Schriftstellerei. Ein Angebot Schillers, seine Veröffentlichungen einer Vorzensur zuzuführen, wird nicht angenommen. Am 22. 9. geht Schiller nach Mannheim ins Exil.

Im selben Jahr noch beendet er die Arbeit am „Fiesko", der zunächst nicht aufgeführt wird. Der Intendant des Mannheimer Theaters, W. H. von Dalberg, äußert, das Stück würde „dem Schauspieler und Zuschauer ein Ziemliches zumuten". (Die Uraufführung des „Fiesko" fand nach mehrmaligen Bearbeitungen am 20. 7. 1783 in Bonn statt). In dieser Zeit führt die wirtschaftliche Unsicherheit – Schiller hatte in Stuttgart und Mannheim ansehnliche Schulden hinterlassen – zu häufigen Ortswechseln und Besuchen bei Freunden und Gönnern. Längere Zeit lebt er in Oggersheim, bis er von Henriette von Wolzogen auf das Gut Bauerbach bei Meiningen eingeladen wird.

Die Arbeit am Drama „Luise Millerin“

Enttäuscht darüber, daß die zweite Fassung seines „Fiesko“ vom Intendanten des Mannheimer Theaters abgelehnt worden war, verließ Schiller Oggersheim und zog nach Thüringen. In Bauerbach, dem Besitz der Mutter eines Stuttgarter Studiengefährten, lebte Schiller unter dem Pseudonym „Dr. Ritter“ vom 8. Dezember 1782 bis zum 24. Juli 1783. Hier wurde das Manuskript der „Luise Millerin“ in wesentlichen Partien geschrieben und schließlich vollendet.

Bauerbach, ein armer, abgelegener Ort, eine 'triste Einöde', bedeutete für Schiller nach der vorangegangenen Zeit des Nomadisierens zunächst Ruhe, Geborgenheit und Sicherheit. Er nahm sich vor, hier die „Luise Millerin“ „in zwölf oder vierzehn Tagen zu beenden“ und auch sonst „entsetzlich viel zu arbeiten“.

Nach Karoline von Wolzogen, der späteren Schwägerin Schillers, soll der Plan zum Drama während des zweiwöchigen Arrestes in Stuttgart entstanden sein, in einer Zeit also, als der Dichter bedrängt gewesen war von Gefühlen des Hasses, der Auflehnung, der Empörung gegenüber fürstlichem Despotismus. Auf der Flucht gewannen Gestalten und Handlung des geplanten Stückes feste Formen.

In Bauerbach nun hielt sich Schiller zwar nicht an den anfänglich selbst gesteckten zeitlichen Rahmen, schaffte es aber bis Mitte Februar, die Hauptpartien des Dramas fertigzuschreiben. Die ursprünglich so ersehnte vollkommene Ruhe wollte sich offensichtlich nicht so recht einstellen. Als zum Jahreswechsel Henriette von Wolzogen und ihre Tochter Charlotte nach Bauerbach kamen, begrüßte er begeistert die Gesellschaft der Damen, deren Unterhaltung ihm für keine Arbeit mehr Zeit ließ.

Charlotte von Wolzogen war äußerlich vollkommen das Vorbild der Luise: sechzehnjährig, hübsch, blond. Schiller verliebte sich

Hals über Kopf in das Mädchen, das ihm zwar zugetan war, seine Neigung jedoch keineswegs gleichermaßen erwiderte.

Nachdem die Damen Anfang Januar wieder abgereist waren, empfand Schiller die Bauerbachsche Einsamkeit zunehmend als Bedrückung.
Er wandte sich wieder seinem neuen Freund Wilhelm Friedrich Hermann Reinwald zu. Diesen hatte er zu Beginn seines Bauerbacher Aufenthaltes durch die Vermittlung Frau von Wolzogens kennengelernt. Reinwald, später Schillers Schwager, war Sekretär der Herzoglich Meiningischen Bibliothek; er sorgte dafür, daß es auch in der Bauerbacher Zeit nicht an Lektüre mangelte. Reinwald verdankte Schiller in dieser Zeit auch die Bekanntschaft mit einer Reihe von Geistlichen der Umgebung, die er abwechselnd besuchte.
Bis Mitte Februar war die „Luise Millerin" so weit vollendet, daß Schiller sich von Reinwald „ein Buch recht gutes Schreibpapier" für die Abschrift ausbat.

Schillers alter Freund Streicher machte inzwischen in Mannheim publik, daß Schiller vor der Beendigung eines bürgerlichen Trauerspiels stünde. Intendant Dalberg, der eine erfolglose Spielsaison hinter sich hatte, wurde aufmerksam und wandte sich in einem unerwartet freundlichen und zuvorkommenden Brief an Schiller, in dem er sich interessiert nach dessen Stück erkundigte.

Schiller stand zu dieser Zeit noch in Verhandlungen mit dem Leipziger Verleger Weygand. Erst als diese Verhandlungen gescheitert waren, gab er Dalberg Auskunft über sein Stück. Dalberg wollte es um jeden Preis für das Mannheimer Theater haben.

Schiller setzte sich nun voll Eile an die Fertigstellung des Dramas: „Meine 'Luise Millerin' jagt mich schon um 5 Uhr aus dem Bette. Da sitz ich, spitze Federn und käue Gedanken. Es ist gewiß und

wahrhaftig, daß der Zwang dem Geist alle Flügel abschneidet. So ängstlich für das Theater – so hastig, weil ich pressiert bin, und doch ohne Tadel zu schreiben, ist eine Kunst. Doch gewinnt meine Millerin, das fühl ich." (Brief am 3. Mai).
Wie zu sehen ist, war der ursprüngliche Schaffensdrang, der Schiller zur Arbeit an diesem Stück getrieben hatte, ziemlich erlahmt.
Auch die zwischenzeitliche Beschäftigung mit anderen Dramenstoffen wie „Maria Stuart" und „Don Carlos" ließen auf ein schwächer werdendes Interessse schließen. Seiner Arbeit fehlte deutlich die Begeisterung.
Desungeachtet nahm er sich vor, die „Luise Millerin" Anfang Mai endgültig für das Theater fertigzustellen.
Doch auch dieses Vorhaben wurde nicht eingehalten. Die Ankunft der Damen Wolzogen Mitte Mai, die sich steigernde Leidenschaft für Charlotte von Wolzogen verhinderten die Weiterarbeit vollends.
Schiller zeigte in dieser Zeit nicht einmal Interesse daran, die sich bietende Gelegenheit zu nützen, Beziehungen zu literarischen Größen in Weimar und Gotha zu knüpfen. In dem Maße wie sich die Beziehung zu den beiden Frauen vertiefte – die von Schillers Seite aus immer überschwenglicher und ausschließlicher wurde – zog er sich von der übrigen Welt zurück, wurde menschenscheu.
Erst nach der Abreise Charlottes (Ende Juni) dachte Schiller wieder an Arbeit und Zukunft. Drängende Geldsorgen bestärkten ihn darin.
Auf den diplomatischen Zuspruch Henriette von Wolzogens ist es hauptsächlich zurückzuführen, daß Schiller endlich nach Mannheim reiste, um die „Luise Millerin" zur Aufführung zu bringen.
Die „Luise Millerin" eröffnete ihm auch die Möglichkeit, einen Vertrag als Theaterdichter abzuschließen.

Schiller sah nunmehr seine schriftstellerische Laufbahn finanziell gesichert und glaubte sich bei einem Festgehalt von 300 Gulden jährlich zuzüglich der Einnahmen aus je einer Aufführung seiner drei Stücke nicht schlecht versorgt. Doch seine mit 1200–1400 Gulden angesetzten finanziellen Erwartungen waren viel zu hoch gegriffen, und der junge Theaterdichter rutschte tiefer in die Schulden als je zuvor. So konnte Schiller einerseits eine enthusiastische gefeierte Aufführung seines auf Anraten des Schauspieler-Dichters Iffland mit dem Titel „Kabale und Liebe" umbenannten bürgerlichen Trauerspiels erleben, andererseits versetzten ihn die wachsenden finanziellen Sorgen in tiefe Zweifel über den von ihm eingeschlagenen Berufsweg. Mannheims Blüte als Kulturstadt begann überdies zu welken, so daß selbst die karge Stelle als Theaterdichter sang- und klanglos auslief. Dahlberg gab Schiller den Rat, wieder einen praktischen, nämlich den medizinischen, Beruf zu ergreifen.
Die Turbulenzen des Mannheimer Aufenthaltes, nämlich noch eine schwere Lungenkrankheit, die nie ganz ausgeheilt worden ist, und die unerfüllt gebliebene Liebe zu einer verheirateten Frau, Charlotte von Kalb, diese Turbulenzen endeten damit, daß seine Wirtsleute die drängendsten Gläubiger befriedigten, und daß Schiller schließlich ein Hilfsangebot von Freunden aus Thüringen annahm. Ohne die Perspektive, in seinem Heimatland als Dichter auch ein Auskommen zu finden, verließ Schiller nunmehr für immer den süddeutschen Raum.

„Kabale und Liebe" – eine bürgerliche Tragödie

Ein „Trauerspiel" behandelte bis zur Mitte des 18. Jahrhunderts nur Probleme von hochgestellten Persönlichkeiten. Bürgerliche erschienen auf der Bühne hauptsächlich als komische Figuren.

Das änderte sich, als Lessing 1755 erstmals in Deutschland eine bürgerliche Person zum Träger der tragischen Handlung erkor. Sein bürgerliches Trauerspiel „Miss Sara Sampson" verwendete dabei eine Vorlage des englischen Autors George Lillo, der in sein 1731 erschienenes Drama „Merchant of London" in bürgerlichen Kreisen spielen ließ.
Die soziale Herkunft der handelnden Figuren hatte ihre Bedeutung verloren. Lessing bewertete allein die allgemein menschlichen Aspekte eines Trauerspiels als entscheidend: „Tränen des Mitleids und der sich fühlenden Menschlichkeit sind die Absicht des Trauerspiels oder es kann keine haben." (1756)
In seinem klassisch gewordenen Trauerspiel „Emilia Galotti" fügte Lessing als weiteres Gestaltungselement die Anklage gegen die Willkür der Fürsten und gegen ihre gewissenlosen Verwaltungswerkzeuge hinzu. Sein 1772 uraufgeführtes Stück wurde zum Vorbild für eine Reihe von Proteststücken, die durch die Autoren des Sturm und Drang (Lenz, Klinger, Wagner) noch weit schärfere Vorwürfe gegen die Standesgesellschaft erhoben (vgl. u. S. 103 ff.)
Auch Schiller, mit dessen „Kabale und Liebe" diese Stücke-Serie 1784 ihren beinahe klassischen Abschluß fand, hat sich an Lessings „Emilia Galotti" geschult (vgl. u. S. 109 ff.).
Doch nicht allein die literarischen Vorbilder à la Lessing bestimmten Schillers Haltung zum Drama. Seine theoretischen Vorstellungen über die gesellschaftliche Funktion des Dramas entlehnte er den damals umlaufenden Thesen des Franzosen Sébastian Mercier. Mercier verkündete, daß das Drama eine Schule für Tugenden und Pflichten des Bürgers sein sollte. Unüberhörbar sind diese Thesen in den Vortrag eingegangen, den Schiller wenige Monate nach der Aufführung seiner „Kabale und Liebe" in Mannheim hielt: „Die Schaubühne als eine moralische Anstalt betrachtet" (s. u. S. 123 ff.) „Die Gerichts-

barkeit der Bühne fängt an, wo das Gebiet der weltlichen Gesetze endigt. Wenn die Gerechtigkeit für Gold erblindet und im Solde des Laster schwelgt, wenn die Frevel der Mächtigen ihrer Ohnmacht spotten und Menschenfurcht den Arm der Obrigkeit bindet, übernimmt die Schaubühne Schwert und Waage und reißt die Laster von einen schrecklichen Richterstuhl."

I.2 Sprachliche und sachliche Erläuterungen

Titel

Kabale: geheimer Anschlag, Ränkespiel, Intrige.

Personenverzeichnis

Präsident: Vorsitzender des Ministeriums, 'Ministerpräsident'.
Lady: Titel einer adligen Dame.
Favoritin: Geliebte eines Fürsten.

I. Akt, 1. Szene

Der Handel: die Angelegenheit, die Sache.
mit dem Baron: mit Ferdinand von Walter.
ins Geschrei: ins Gerede.
ich biete dem Junker aus: ich verbiete dem Junker mein Haus.
coram nehmen: (lat.) vornehmen, ins Gebet nehmen, streng halten.
auftrumpfen: entschieden seine Meinung sagen.
stecken: hinterbringen, mitteilen.
bringt's mit einem Wischer hinaus: bekommt nur einen Verweis.
Profession: (lat.) Beruf.
raffst Scholaren zusammen: bemühst dich, möglichst viele Schüler zu bekommen.
Kommerz: Verkehr, Handel.
zu einer –: ergänze: Dirne, Hure.
Guten Morgen!: höhnisch statt: ich danke dafür, will nichts davon wissen.
so ein Musje von: (franz.) so ein junger Adliger.
was als: was alles.
wenn er . . . gelöst hat: wenn er schon alle möglichen üblen Erfahrungen in der Liebe gemacht hat.
auf süß Wasser zu graben: einem reinen, unschuldigen Mädchen nachzustellen.
wenn du aus jedem Astloch ein Auge stecktest: wenn du durch jedes Astloch eines Bretterzauns spähtest, d. h. wenn du noch so wachsam wärest.
auf der Nase beschwatzen: vor der Nase beschwatzen.
eins hinsetzen: ein Kind zeugen.
führt sich ab: macht sich fort.
verschimpfiert: beschimpft.

hat's Handwerk verschmeckt: hat Geschmack am Dirnenhandwerk gefunden.
Es hat sich zu behüten: es hat sich was mit dem Behüten, es wird doch so.
Windfuß: Leichtfuß.
führt seinen netten Fuß: hat einen netten Gang.
Unterm Dach: unter der Schädeldecke, im Gehirn.
parterre: (franz.) zu ebener Erde; hier: bei den körperlichen Reizen.
Rodney: Millers Hund. – Rodney war ein berühmter englischer Seeheld, der im 18. Jh. glänzende Siege über die französische Seemacht davontrug.
nun müssen alle Segel dran: nun wird mit vollen Segeln gefahren.
Billetter: Briefchen.
als schreiben tut: immer schreiben tut.
pur: (von lat. purus „rein") lediglich, bloß.
darf nur das gute Herz Boten gehen lassen: braucht sich nur des Gemüts zu bedienen.
topp machen: einig sind.
nehmen die Körper ein Exempel: nehmen sich die Körper ein Beispiel an den Gemütern.
der silberne Mond usw.: der das Gemüt beim Stelldichein weich gestimmt hat, hat eben durch seinen Einfluß auf die Empfindsamkeit das Verhältnis zustande gebracht.
Du hast den Witz davon: du hast die Einsicht davon, du hast's verstanden. Die beschränkte Frau, die nie gesehen hat, daß jemand etwas anderes als ein Gebetbuch liest, hält die Romane, die Ferdinand ihrer Tochter bringt, für Gebetbücher und denkt, diese bete daraus.
Kraftbrühen der Natur: ungeschminkte Zeichen der Sinnlichkeit.

Bellatristen: jetzt „Belletristen" (franz.): Verfasser schöngeistiger Schriften.
Alfanzereien: dummes Zeug.
spanische Mucken: spanische Fliegen, ein medizinisches Reizmittel.
verschlägt: verscheucht.
die Präsenter: volkstümlich für „Präsente" (lat.), d. h. Geschenke des Majors.
schier dich: schere dich.
infam: ehrlos.
Sonanzboden: Resonanzboden.
geschmeckt: gerochen.
disguschtüren: disgustieren (lat.), den Geschmach verderben, vor den Kopf stoßen.
Ich heiße Miller: ich empfehle mich.

I. Akt, 2. Szene

Sekertare: statt „Sekretarius". Die Frau des Musikus täuscht auf unbeholfene Weise Bildung vor.
von Ihnen: von Ihrem Besuche.
Frau Base: wie „Herr Gevatter, Herr Nachbar" und im folgenden „Herr Landsmann" und „Herr Vetter" vertrauliche Anrede an eine bekannte Person.
eine Kavaliersgnade einspricht...: ein Edelmann gnädig Besuch abstattet... Zu den Standesunterschieden, auf die hier angespielt wird, s. u. S. 77 ff.
mein bürgerliches Vergnügen: das von mir, einem Bürgerlichen, bereitete Vergnügen zählt nichts.
je und je: immerzu.
das Bläsier: statt „das Pläsier" (franz. plaisier), das Vergnügen.

Gewesene: weil sie ihn nun vielleicht gar nicht mehr ansieht.
vom Herrn Sekertare: nämlich geheiratet zu werden.
vor seinem Glück sein: seinem Glück hinderlich sein.
merken: verstehen.
Jabot: (franz.) die am Hemd befestigte Brustkrause der männlichen Tracht im 18. Jh. und in der 1. Hälfte des 19. Jh., meist aus Spitze oder gefälteltem Batist; in der Frauentracht ein mit Spitzen und dgl. besetzter Brustlatz.
barrdu: (franz. partout) durchaus.
Was für ein Engel usw.: was für eine Dummheit offenbart sich in diesem Geschwätz.
schmäl: schmäler.
das seinen guten Haushälter nähren kann: das seinen Mann ernähren kann, wenn er ein guter Haushälter ist. Zur Erläuterung s. u. S. 92.
mich höher poussieren: es höher bringen (poussieren von franz. pousser „stoßen, treiben“)
herumgeholt: überredet, eingenommen, betrogen.
schmecken: Geschmack finden.
Konsenz: (lat.) Einwilligung.
gemünzt: bestimmt.
werden Sie mich kennen: ergänze: und daher loben.
daß dich alle Hagel: ergänze: träfen; ärgerlicher Ausruf, nicht auf Wurm zu beziehen.
zu spitzig: auch für einen Kapellmeister, der doch feine Tonunterschiede verstehen muß, zu fein.
durch diesen altmodischen Kanal: durch Vermittlung des vorher befragten Vaters. Zur Erläuterung s. u. S. 91.
Hat er's Kourage nicht: richtiger „die Courage“ (franz.), den Mut.
sein Gewerb' bestellen: seinen Plan ausführen, seine Absicht erreichen.

den schwarzen gelben Tod: er denkt an die Abbildung des Todes als Gerippe mit gelblichen Knochen und schwarzem Gewande oder auch an die Pest.
auf seinem Gänsekiel reiten: ein „Federfuchser" bleiben und keinen Mann vorstellen wollen (Anspielung auf Wurms Beruf).
Obligation: Verbindlichkeit; hier ironisch: ich bin Ihnen sehr verbunden für Ihre Mitteilung.
Operment: (aus lat. auripigmentum) Schwefelarsen, Rausch-, Königsgelb.
Federfuchser: verächtlich für „Schreiber".
konfisziert: verdächtig aussehend, spitzbübisch.
für purem Gift: rein aus Ärger.
man wird dir's Maul sauber halten: man wird dir Wurm einen solchen leckeren Bissen, wie unsere Luise ist, nicht ins Maul schmieren.
in Harnisch gebracht: zornig gemacht.
Das ist mir der Alte: den kenne ich ganz genau; das ist gerade der Rechte, dem man so etwas sagen darf.
am Marktbrunnen ausgeschellt sein soll: allgemein bekannt sein soll wie eine durch den Ausrufer unter Klingeln auf dem Markt bekanntgemachte Mitteilung.

I. Akt, 3. Szene

ein Buch: ein Gebetbuch; sie kommt ja aus der Kirche.
Eine schwere Sünderin: sie hat wohl in der Kirche eine Predigt über sündiges Begehren gehört und denkt dann an den geliebten Ferdinand.
ich fürchte: ergänze: daß Ferdinand mehr über mich vermag als der Himmel.
Wenn wir ihn gelobt: vgl. Lessing, Emilia Galotti I.4.: „O, Sie wissen ja wohl, Conti, daß man den Künstler dann erst recht lobt,

wenn man über sein Werk sein Lob vergißt." Diese Bemerkung Luises ist eine „Lesefrucht", eine „Frucht von dem gottlosen Lesen" der ihr von Ferdinand gebrachten schöngeistigen Schriften.

ein schlechtes Mädchen: ein schlichtes, kein adliges Mädchen.

ein Veilchen . . . unter ihm sterben: vgl. Goethes Ballade ‚Das Veilchen':

„Es sank und starb und freut' sich noch:
‚Und sterb' ich denn, so sterb' ich doch
Durch sie, durch sie,
Zu ihren Füßen doch.' "

Bodensatz: das, was mir im Leben noch übrigbleibt.

den Immermangelnden erkannte: den ersehnten Geliebten in ihm erkannte.

Tautropfe Zeit: die Zeit ist ja nur ein Tropfen im Meer der Ewigkeit.

wenn die Schranken des Unterschieds einstürzen: Zur Erläuterung s. u. S. 71 ff.

für seinem Mädchen: vor seinem Mädchen.

über die Planke: über den Gartenzaun.

I. Akt, 4. Szene

Daß du doch wüßtest usw.: wie schön über alle Standesunterschiede hinweg . . .

Ein Dolch über dir und mir: Anspielung auf das „Damoklesschwert", das Sinnbild drohender Gefahr.

zwoer Herzen: richtiger: zweier Herzen.

der Riß zum unendlichen Weltall: der Plan des Weltalls, wonach wir von Ewigkeit her füreinander bestimmt sind.

der Landeswucher meines Vaters: die Auswucherung des Landes durch meinen Vater.

wie der Zauberdrach' usw.: wie der einen vergrabenen Schatz behütende Drache.
keinen Engel mehr: keinen anderen Schutzengel als mich.
wie Furien: wie Rachegöttinnen.

I. Akt, 5. Szene

Attachement: Verhältnis.
der Bürgerkanaille: der Schurkin aus dem Bürgerstande.
Flatterien: (franz.) Schmeicheleien.
Witz genug hat, in seinen Beutel zu lügen: Schlauheit genug besitzt, um zu seinem Vorteil zu betrügen.
Setzt er es noch dazu durch: verführt er sie völlig.
die Farce: (franz.) der Spaß, das Liebesspiel.
die guten Aspekten meines Stammbaums: Ferdinand wird dann auch in legitimer Ehe sein Geschlecht fortpflanzen, das nach II.3 schon 500 Jahre besteht.
die Skortationsstrafe: das dem unbescholtenen verführten Mädchen zustehende „Kranzgeld" und die Entbindungskosten. (Skortation von lat. scortari „Unzucht treiben").
Schelm: Schurke.
Die Karolin: richtiger *der* Karolin, auch Karlin oder Karldor genannt, eine zuerst 1726 von dem bayer. Kurfürsten Karl Albert geschlagene Goldmünze zu 10 Gulden (19 Mark), vielfach in anderen süddeutschen Staaten nachgeahmt.
Münze: Münzstätte, Prägewerkstätte.
frisch . . . Bankier: völlig neu oder nachdem das Stück schon durch mehrere Hände gegangen ist.
Mariage: Heirat.
geometrisch ermessen: die Reize der Braut körperlich genossen hat.

Ich mache hier gern den Bürgersmann: ich verzichte gern auf diese Duldsamkeit eines adligen Bräutigams.
Anschlag: Anordnung, Befehl.
auf die Ankunft: wegen der Ankunft.
Springfedern . . . hineinspielen: meine wichtigsten Machtmittel in der Beeinflussung der Sinnlichkeit des Fürsten liegen.
der Präsident . . . der Vater usw.: daß Ihre politischen Absichten und Pläne Ihnen mehr am Herzen liegen als Ihre väterliche Fürsorge für das Glück des Sohnes, die auch etwas mitspielen mag. Hoffentlich erwidert der Sohn diese väterliche Sorgsamkeit („Zärtlichkeit") durch Gehorsam.
Seinen Argwohn: Wurms Argwohn.
Kugeln schleifen: als Festungsgefangener mit einer Kette am Fuße befestigte Kugeln hinter sich herschleifen.
Schröter: Schrotkäfer, Bockkäfer, dem die Knaben einen Faden ans Bein binden, um ihn am Entfliehen zu hindern. Auch der Hirschkäfer heißt so (mhd. schroetel).

I. Akt, 6. Szene

Kammerherrnschlüssel: als Zeichen seines Amtes auf die Rockschöße eingestickt.
zwei Uhren: von denen man die Uhrketten rechts und links sieht; damaliger Brauch, um ganz genaue Zeit zu haben.
Chapeaubas: (franz.) niedriger Hut mit dreieckiger Krempe, der bequem unter dem Arm gehalten werden konnte.
à la Hérisson: (franz.) „wie ein Igel"; damalige Modefrisur: gepudertes, zu beiden Seiten hochtoupiertes Haar.
Bisamgeruch: Moschusgeruch.
Parterre: Zuschauerraum.

Arrangement der Parteien: Zusammenstellung der Personen, die in einem Schlitten miteinander fahren sollen.
Lever: die Morgenaudienz des Fürsten.
Eine Tagesreise: übertrieben für „sehr weit" (bis zurück nach seiner Wohnung).
fingiere: täusche vor.
in der Antichamber: Vorzimmer (des Herzogs).
Impromptu . . . Witzes: Stegreifabenteuer . . . der Klugheit.
wissen mir: für mich.
einen Merde d'Oye-Biber: einen Biberpelz von Gänsedreckfarbe, was die neueste Mode war.
Zeitung: Neuigkeit.

I. Akt, 7. Szene

deine Zirkel: die Kreise deiner Standesgenossen.
vor . . . Grille: eher als eine einzige Grübelei.
in meine Entwürfe zu spielen: meinen Entwürfen dich anzupassen.
dem Romanenkopf: dem, dessen Kopf voll ist von den schönen Romanphrasen von Recht, Edelsinn und Menschlichkeit.
Skorpion: Spinnentier mit Giftstachel, hier in biblischer Bedeutung „Stachelpeitsche".
wenn anders die Gewalt usw.: wenn man die tatsächliche Ausübung der Gewalt für soviel erachtet wie ihr äußerliches Zeichen. Gemeint ist die Herzogswürde.
in dieser buntscheckigen Tollheit: in dieser Tollheit eines Narren oder Hanswurstes. Der Narr oder der Hanswurst trat in einem buntscheckigen und geflickten Kostüm auf.
Ohne Komplimente: geradeheraus gesagt.
Welcher Schandsäule usw.: das Volk brachte gern Schmähgedichte oder Namen verhaßter Personen an der Schandsäule, dem

Pranger, an. Ferdinand will also sagen, daß der Name der Milford zu den schandbarsten gehört.
Distinktion: Auszeichnung.
privilegierte Buhlerin: bevorzugte und öffentlich anerkannte Geliebte.
an einem dritten Orte zu wechseln: also nicht im Fürstenpalais, auch nicht im väterlichen Hause, sondern bei der Milford mit dem Fürsten in der Liebe abzuwechseln.
unter den Menschen hinunterkriecht: sich durch Sinnlichkeit zum Tier erniedrigt.
Hinwerfung: Erniedrigung, Entehrung.
die Parole: Losung, die täglich am Ende der Wachparade ausgegeben wurde.
deines Englands: die Milford behauptete, von dem englischen Adelsgeschlecht der Norfolks abzustammen.

II. Akt, 1. Szene

Negligé: Morgen-, Hauskleid.
phantasieren: nicht nach Noten spielen, sondern, was einem die Phantasie eingibt, improvisieren.
Wie ein Verbrechen usw.: sie meint ihre Vergangenheit.
Assemblée: die Hofgesellschaft.
die l'Hombretische: die Tische für das L'hombre (von spanisch hombre „Mensch“) Kartenspiel für drei Personen, das Nationalspiel der Spanier, in Deutschland fast ganz vom „Skat“ verdrängt.
wo ich sie: die Hofgesellschaft.
Filet: weibliche Handarbeit, Herstellung netzartiger Geflechte (franz. „Netz“).
Sackuhren: Taschenuhren.

den witzigsten Kopf: den geistreichsten Kopf. Witz bedeutete damals „Klugheit, Geist".

auf dem Bettelstabe: im Zustande seiner sinnlichen Erniedrigung.

Talisman: Gegenstand von vermeintlich zauberkräftiger Schutzwirkung.

den Saft von zwei Indien: die Erzeugnisse, besonders Wein, aus Ost- und Westindien.

in stolzen Bögen: als Luxusfontänen, statt sie wirtschaftlichen Zwecken dienstbar zu machen.

das Mark seiner Untertanen: das durch ihre Tüchtigkeit erworbene Geld.

exequieren: gewaltsam hinführen.

was helfen mich: altertümlich für „was helfen mir".

wenn ich es nur von meinem Ehrgeiz erhalten könnte: wenn es nur mein Ehrgeiz zuließe.

den ich jetzt denke: an den ich jetzt denke.

ahndete: altertümlich für „ahnte".

II. Akt, 2. Szene

siebentausend Landeskinder: zum Soldatenhandel s. u.S.68, 70.

das Joch Menschen: wie „ein Joch (=Paar) Ochsen".

den Lärmen: jetzt „den Lärm" d. h. den Alarm, das Marschsignal.

schlug: mit der Trommel.

mitunter: dazwischen.

dienen jetzt ihren Gläubigern usw.: sind durch die Not in Schulden geraten und müssen diese nun in harter Schuldknechtschaft abarbeiten, oder sie haben sich entschließen müssen, die schwere, ungewohnte und ungesunde Arbeit in den fürstlichen Bergwerken aufzunehmen.

in den Schachten: jetzt „in den Schächten".
in die Landschaft: zu den Landständen, die den Schmuck verpfänden oder verkaufen sollen.
unter dem schrecklichen Geschirr solcher Tränen: sie vergleicht den Haarschmuck mit dem prächtigen Kopfputz eines Pferdes und die Edelsteine mit Tränen.
mehr Brillanten und Perlen: Dankestränen der Beschenkten.
Eduard: Vorname des Bedienten.

II. Akt, 3. Szene

Ich bin seine Schuldnerin: ich bin ihm hierfür zu Dank verpflichtet.
Kavalier: eigentlich: Reiter, Ritter, hier: Mann von ritterlichem Verhalten, Adliger.
Die Sprache des Herzens: ergänze: das eine andere liebt,
meines Wappens: d. h. meines 500 Jahre alten Adels, der durch diese unedle Mätressenehe befleckt wird,
und dieses Degens: d. h. meiner Offiziersehre, die dadurch ebenfalls geschändet wird.
Handlungen münzen wie seine Dreier: den Handlungen der Menschen seinen Willen so aufprägen wie sein Bild den Dreipfennigstücken.
den Hermelin: den Mantel aus Hermelin.
daß der Preis usw.: daß er gerade sie zur Gattin bekommt, ist am Ende noch schlimmer als das Opfer, daß er Liebe, Adel und Ehre entweiht.
zu räuchern: Lob zu spenden, wohlriechendes ‚Weihrauch abbrennen'.
überlebte Tugend die Ehre: blieb trotz Preisgabe des Körpers die Seele doch edel.

die nicht mehr als eine Nacht braucht usw.: die in einer einzigen Schäferstunde den Herzog bestimmen kann, ihren Gegner zu vernichten.

Thomas Norfolk: Th. Howard, Herzog von Norfolk (1536-72), plante heimlich, sich mit der gefangenen Maria Stuart zu vermählen und wurde deshalb 1569 gefangengesetzt. Nach seiner Freilassung trat er 1571 an die Spitze einer Verschwörung zugunsten Maria Stuarts gegen Elisabeth, wurde aber wieder gefangen und enthauptet (1572). Schiller plante schon, als er „Kabale und Liebe" beendete, eine „Maria Stuart" zu schreiben.

der Parlamente: richtiger nur „des Oberhauses". Das englische Oberhaus, the House of Lords, ist noch heute das oberste und letztinstanzliche Gericht in Großbritannien.

Ihres Geschlechts: des Adels.

in großen Bewegungen: zeigen ihre große Erregung.

graute mich an: lag mit Grauen vor mir.

Konkubine: Beischläferin, Mätresse.

sterbende Schülerinnen usw.: von ihrem Lehrer verführt.

das Lamm: die Opfer fürstlicher Wollust.

Serail: Palast.

kokett: putz- und liebessüchtig.

die verlorne Sache der Unschuld . . . gerettet: durch Liebkosung des Herzogs bereits verurteilten Unschuldigen zum Rechte verholfen.

jede Anklage meiner fürstlichen Geburt widerlegen: jeden Vorwurf, den der Gedanke an meine fürstliche Geburt mir wegen meiner Stellung machte, dadurch widerlegen, daß ich diese nur zu hochherzigen Zwecken benutzte. – Die ganze Schilderung paßt auf das Verhältnis des Herzogs Karl von Württemberg zu seiner Mätresse Franziska von Hohenheim, die ebenfalls den vom Herzog vorher zahlreich begangenen Frauenschändungen möglichst Einhalt zu tun suchte.

deinem Bild zu entfliehen: um der Erinnerung an dich zu entfliehen.
Konvenienzen: herkömmliche Anschauungen.
alle Minen sprengen: wie der Belagerer alle Pulverminen explodieren läßt, um die Festung zu erobern, so will sie nichts unversucht lassen, ihr Ziel zu erreichen.

II. Akt, 4. Szene

sprengt ihn ängstlich an: tritt ängstlich schnell zu ihm.
blaues Donnermaul: die du das Blaue vom Himmel herunterschwatzt.
diabolisch: teuflisch.
spukt: treibt sich herum.
wem der Teufel ein Ei in die Wirtschaft gelegt hat: wie der Kuckuck, der als Teufelsvogel gilt, anderen Vögeln zum Schaden ihrer Nachkommenschaft sein Ei ins Nest legt, so sagt man, der Teufel „lege ein Ei in die Wirtschaft", bringe in ein Haus Anlaß zum Unheil.
Jetzt hab ich's blank: jetzt hab' ich den deutlichen Beweis.
rekommendiert: richtiger „rekommandiert", d. h. empfohlen.
Diskant: Oberstimme, hohe Stimme.
mein blauer Hinterer: indem ich Stockhiebe bekomme. Er denkt an das „Stockhaus" (Zuchthaus).
Konterbaß: richtiger „Kontrabaß", die Baßgeige, das größte und tiefste Streichinstrument der Geigenfamilie.
der Tintenkleckser: d. h. Wurm.
ich zuerst usw.: ehe er mich noch fragt.
makeln: vermitteln.
fischen: ergattern, erlangen (Geschenke).

sorg auch für deinen Kuppelpelz: der Heiratsvermittler bekam nach altem Brauch bei erfolgreicher Tätigkeit einen Pelz geschenkt. Der Kuppelpelz der Millerin wird in harter Strafe bestehen.

II. Akt, 5. Szene

Weltrichters: Gottes.
aus dem gefährlichen Kampf: der Wahl zwischen dir und der Lady.
das ihm kuppelte: das ihm als Kupplerin diente.
diese Insektenseelen: diese kleinen kaltblütigen Seelen der Hofleute.
den Faden zwischen mir und der Schöpfung: d. h. das Band zwischen Sohn und Vater, das in der Schöpfung (im Leben) für heilig gilt.

II. Akt, 6. Szene

sie droht eine Ohnmacht: sie läßt eine Ohnmacht befürchten.
anstreichen: bestreichen, aufwecken, aber nicht mit belebenden Essenzen, sondern mit harten Worten.
das Echo: Ferdinand.
Aber er bezahlte usw.: der Präsident behandelt Luise als Dirne.
Verschluß: gemeiner Ausdruck für „Beischlaf".
Sie hatten einmal usw. ich war Ihnen, als Vater, mein Leben schuldig, habe aber nach dieser unväterlichen Handlung keine Verpflichtungen mehr gegen Sie.
wer das Kind eine Mähre schilt usw.: ... schlecht macht, beleidigt auch den Vater.

Adagio: langsames Musikstück.
kommt die Lieferung usw.: brauchen wir Bürgersleute nicht die Koketten zu liefern.
devot: unterwürfig.
Promemoria: Denkschrift, Eingabe, Gesuch.
halten zu Gnaden: soll keine Unterwürfigkeit, sondern bei allem schuldigen Respekt die feste Meinung ausdrücken.
Metze: ehrloses Frauenzimmer.
Die Gerechtigkeit usw.: die Justiz, das Gericht, soll ihm helfen, seine Wut an den Millers auszulassen.
meine Plane: altertümlich für „Meine Pläne".
Der Leibschneider: in kindlicher Unbefangenheit denkt Miller, die Fürsprache des beim Fürsten beliebten Leibschneiders könne ihm gegen den allmächtigen Minister zu seinem Recht verhelfen.

II. Akt, 7. Szene

wenn sie nur erst das eiserne Halsband um hat usw.: wenn sie als Dirne an den Pranger, die Schandsäule, (mit dem eisernen Halsband) angeschlossen ist und von der rohen Menge mit Steinen beworfen wird.
wer nicht auch die Hirnschale usw.: wer nicht nur seine Dienste, sondern auch sein Leben der Behörde vermietet hat.
Pasquill: Schmähschrift.
possierlich: spaßhaft, drollig.
Spektakel: Schauspiel.
wenn deine Klinge auch spitzig ist: wenn du mit deinem Degen nicht bloß drohen, sondern auch stechen kannst.

III. Akt, 1. Szene

beschimpft: verurteilt und bestraft (etwa am Pranger zu stehen).
eintreiben: in die Enge treiben; einschüchtern.

Ambition: Ehrgeiz.
des Patrioten: der das Land von dem schurkischen Präsidenten, seinem eigenen Vater, zu befreien trachtet.
Piquet: franz. Kartenspiel, nach seinem Erfinder Piquet genannt.
den Feind: sich als Feind.
Ein Gran: (lat. granum ,,Korn") kleines Apothekergewicht (jetzt: ,,das" Gran).
mein Hals: mein Leben, da mein Sohn mein Geheimnis offenbart.
Billet doux: (franz. ,,süßes Briefchen") Liebesbrief.
auf und nieder: ganz und gar.
Halsprozeß: Prozeß auf Leben und Tod wegen Beleidigung des Präsidenten, der als Günstling und Siegelbewahrer gewissermaßen der ,,Schatten der Majestät" des Fürsten ist.
Kobold: Schreckgespenst; wie man mit einem aus Lumpen zusammengeflickten Popanz die Kinder schreckt, so will Wurm ,,den armen Schächer" mit der juristisch nicht stichhaltigen Drohung eines Majestätsbeleidigungsprozesses schrecken.
von peinlicher Anklage: von strafrechtlicher Verfolgung.
bis die ganze Familie einen körperlichen Eid darauf ablegt usw.: indem sie entweder mit den Händen (,,körperlich") die heilige Schrift bei Eide berührt oder indem sie gelobt, daß ihre Körper bei Bruch des Versprechens verfallen sollen.
ihre Reputation wiedergebe: ihren guten Ruf wiedergebe, indem ich sie heirate.
Eau de mille fleurs: Tausendblütenwasser, feiner Duftstoff.
eine Handvoll Dukaten: er macht seine Albernheit durch seinen großen Reichtum wieder wett.
die Delikatesse: das Zartgefühl, den feinen Geschmack.
so skrupulös: so bedenklich, um das für unwahrscheinlich zu halten. Ferdinand wird es schon glauben.
Aufstand: Aufsehen.

III. Akt, 2. Szene

en passant: im Vorbeigehen.
Dido: Oper des italienischen Dichters Metastasio (1696-1782), in der am Schlusse die Heldin aus Verzweiflung über den Verrat ihres Geliebten Äneas die Stadt Karthago in Brand steckt. Der Titel der italienischen Oper lautet: Didone abbandonata (die verlassene Dido).
das süperbeste Feuerwerk: das großartigste Feuerwerk.
das meine ganze Herrlichkeit in die Luft nimmt: das mich mit meiner ganzen Herrlichkeit in die Luft sprengt.
poussiert: emporbringt, steigen läßt.
fixieren: sicherstellen.
Windmacher: Verbreiter falscher Gerüchte; Schwindler.
sein Fortune: sein Glück.
mon Dieu: mein Gott.
Oberschenk: Mundschenk.
den ersten Englischen: auf dem man zum ersten Mal den englischen Tanz tanzte.
Domino: Maskenkostüm.
Redoutensaal: Tanzsaal.
Kompliment: artiger Dank.
Impertinent: unverschämt.
Malice: Bosheit, Tücke.
bizarr: sonderbar.
nicht so verstanden: nicht so gemeint.
Die Welt ist noch anderswo: ich finde noch anderswo in der Welt meinen Platz; es muß nicht hier sein.
Ein Bonmot von vorgestern: eine überlebte Größe (Bonmot: Witz).
Rendezvous: Stelldichein.
Mort de ma vie!: (franz. „Tod meines Lebens!“) Fluch.

waschen: anfahren, ihm den Kopf waschen.
Amouren: Liebschaften.
berichtigen: richtig besprechen.
Importance: (franz.) Wichtigkeit.

III. Akt, 4. Szene

den Riesensprung: über die kindliche Rücksicht hinweg.
Summen auf meinen Vater: Kredit auf meines Vaters Namen.
den die Rache . . . hält: den der rächende Gott selbst dann erfüllt, wenn ein schwerer Verbrecher ihn getan hat.
wie ein Gespenst usw.: Anspielung auf die Sage vom „Fliegenden Holländer", der auch infolge seines Fluches „von Meer zu Meer" gejagt wurde.
die allgemeine ewige Ordnung: der Standesunterschiede.
in einsamen Mauern: im Kloster.

III. Akt, 6. Szene

Schandbühne: Pranger, wie ihn der Präsident ihr angedroht hat. Sie meint, Wurm hätte doch gleich auf den Marktplatz gehen können, um sie, seine erhoffte Braut, vom Pranger abzuholen, da er doch der Urheber jener Drohung des Präsidenten sei, die jetzt gewiß verwirklicht werde.
Turm: Gefängnis.
Auffallend zu ahnden: in ungewöhnlicher Weise zu bestrafen.
Himmlische Vorsicht!: Vorsehung!
keinen haben: sein Vater ist ja kein Vater.
Im Spinnhaus: im Zuchthaus, wo die Frauen mit Spinnen beschäftigt wurden.

Zeitung: Neuigkeit.
den Eulengesang: nach dem Volksglauben weissagt der Ruf der Eule (des Kauzes) Unglück.
das Eisen erst langsam . . . : wie beim Rädern der Henker erst von unten herauf die Gliedmaßen und zuletzt den Brustkorb mit dem eisernen Rade zerdrückt.
Sie wird doch nicht – : ergänze: ‚sich ein Leid antun?'
Supplikantin: Bittstellerin.
um diese gnädige Taxe nicht überfordert finden: nicht finden, daß die Bedingung, die der Herzog hinsichtlich der Freilassung ihres Vaters stellen wird (sich ihm preiszugeben) eine zu hohe Forderung sei.
Cherubim: Mischgestalten aus Mensch und Tier (nach jüdischer Lehre) bzw. Engel (nach christlicher Überlieferung), die heilige Orte überwachen.
meiner Willkür . . . : bezieht sich auf Wurms „wieder frei machen wollen". Die Gegner tun so, als ob sie es ihr überließen, ob sie wolle oder nicht.
Argus: hundertäugiger Riese der griechischen Sage.
wieso, liebe Jungfer?: wieso wäre das etwas Entsetzliches?
das Sakrament drauf nehmen . . . das Siegel geben: die Einnahme des Abendmahls soll das Siegel, die Bekräftigung des Schwures, nichts zu verraten, sein.

IV. Akt, 1. Szene

am Pharotisch: beim Glücksspiel Pharao, so benannt nach dem früher auf einem der Kartenblätter abgebildeten ägyptischen Pharao.

IV. Akt, 2. Szene

Grimasse: Verstellung.
Koketten: Gefallsüchtige.

IV. Akt, 3. Szene

vielleicht laß ich mich desto besser als Kuppler an: höhnisch: vielleicht kann ich Ihr Liebesverhältnis mit Luise fördern.
Dieses Schnupftuch da fassen Sie!: bei dem Schießen über dem Schnupftuch setzten die Gegner die Pistole einander auf die Brust oder die Stirn.
daß du . . . etwas in deinen Hirnkasten kriegst!: nämlich meine Kugel.
dafür wird gebeten sein: das wollen wir uns verbitten.
Der Notnagel zu sein, wo die Menschen sich rar machen?: mit Diensten, zu denen sich wirkliche, d. h. gute Menschen nicht bereit finden, in der Not auszuhelfen?
siebenmal kurz . . . : bezieht sich auf die beständigen Bücklinge des Höflings, vgl. III.1 „im rechten Tempo, auf eine geschickte Art, groß und klein zu sein".
der Mietgaul seines Witzes zu sein: sich vom Witze seines Herrn so schlecht behandeln lassen, wie ein Mietgaul vom Sonntagsreiter.
Ich führe dich: wenn wir jetzt zusammen zur Hölle gehen.
wie ein seltenes Murmeltier: das Murmeltier wurde früher von herumziehenden Schaustellern abgerichtet und gegen Geld gezeigt.
die ewige Verzweiflung: die Hölle.
der Schmerzenssohn: die traurige Gestalt.
dem sechsten Schöpfungstag . . . :am sechsten Schöpfungstag schuf Gott den Menschen.

Als wenn ihn ein Tübinger Buchhändler . . . : Die beiden Tübinger Buchdrucker Schramm und Frank waren damals dafür bekannt, daß sie schlechte Nachdrucke herstellen ließen.
Unze: Gewicht von etwa 31 Gramm, während das Durchschnittsgewicht des männlichen Gehirns ca. 1400 Gramm beträgt.
so schlecht . . . wuchert: so wenig Ertrag bringt.
von Sünden zu entwöhnen . . . : wenn ein lebenslustiges Mädchen einen derartigen Kerl sieht, wird sie eher der Liebe abschwören, als ihr nachgeben.
Toleranz: Duldung:
Mit Trebern und Bodensatz noch Kreaturen speist: der mit dem, was andere Geschöpfe verabscheuen, noch gewisse elende Kreaturen am Leben erhält.
Treber: Rückstände beim Weinkeltern und Bierbrauen.
Blindschleichen und Taranteln: im Volksaberglauben für giftig gehalten. Tarantel: (ital.) eine in Südeuropa nicht seltene, hellbraune Spinnenart, etwa 2-3 cm lang, die in Erdhöhlen lebt. Ihr Biß verursacht eine schmerzhafte Entzündung, ist aber sonst ungefährlich.
zur Ausfuhr des Giftes: zum Ausspritzen des Giftes.
Bicêtre: (sprich: bissätr) berühmtes Hospital im Südwesten von Paris, ursprünglich ein altes Ritterschloß, später Armen-, Kranken- und Irrenhaus.
zu buhlen: selbst ausschließlich sinnlicher Verkehr mit diesem Mädchen muß reizender sein als idealer Umgang mit anderen Mädchen.
sie könnte den Wert der Seele herunterbringen . . . : sie könnte bewirken, daß man den Wert der Seele gering achtet.

IV. Akt, 4. Szene

Fordre sie mir nicht ab!: Gott fordert zwar: ‚Die Rache ist mein‘, doch diesmal soll die Rache bei dem Menschen Ferdinand verbleiben dürfen.

IV. Akt, 6. Szene

die mit meinem Herzen so harmonisch fühlt: die denselben Mann liebt wie ich.
nahm sie sich: benahm sie sich.
Antichamber: Vorzimmer.
Heiducken: Bediente in der Tracht des ungarischen Volksstammes der Heiducken.

IV. Akt, 7. Szene

Mühe um die Klientin oder Patronin?: sie will sagen: Meinst du, daß es dem Fürsprecher (Ferdinand) mehr um die Patronin (Gönnerin) oder um die Klientin (Empfohlene) dabei zu tun war?
Mehr Schelmerei . . . : sie verstellt sich mehr, als dieses offene Gesicht es erwarten läßt.
Auf dem unberührten Klavier: in ihrer Unschuld.
eines Morgenrots: der beiderseitigen ersten Liebe.
worauf sie so trotzig tut: worauf sie so eingebildet ist.
gehört mir so wenig . . . : habe ich so wenig geschaffen wie meine Herkunft.
nicht im Feuer vergoldet: bleiben nicht immer so.
massiv: echt.
der einen Demant kaufte . . . : der um die Liebe warb, weil das Äußere schön war.
Grazien: griechische Göttinnen der Anmut.
Lose: Übermütige.

Die Promessen Ihrer Gestalt: das, was sie sich von ihrer Schönheit verspricht, ihre Hoffnungen auf den Eindruck ihrer Schönheit. Promessen: Versprechungen, schmeichelhafte Vorspiegelungen.

Manieren und Welt: Umgangsformen der vornehmen Welt.

Skorpion: gemeint ist Luise für das Gewissen der Lady, falls die Bürgerstochter den Dienstposten bei der Lady angenommen hätte.

Maximen: Grundsätze.

ein feuriges Interesse: die Liebe zu Ferdinand.

Henkerstuhl: der Stuhl, an den hinzurichtende Frauen gebunden wurden. Eine solche Frau lacht, wenn kurz vor ihrer Hinrichtung die Welt unterzugehen beginnt, denn sie hat ja nichts mehr zu verlieren.

meinen ewigen Anspruch: jeder Mensch hat von Ewigkeit her einen Anspruch auf die Freuden der Welt.

seine Übereilung: daß es mich zu glücklich machen wollte.

Wenn selbst die Gottheit . . . : ‚Lesefrucht' aus Klopstocks Messias (I, 329 ff.). Aus Erbarmen hat die Gottheit ihren Glanz vor allen geschaffenen Wesen verborgen, damit keines von ihnen – und sei es selbst der ihr zunächst stehende Seraph – schaudernd merke, wie dunkel es selbst dagegen ist. So sehen alle Wesen nur einen Abglanz der Gottheit.

zur Folie: als Hintergrund zur Hervorhebung. Folie (von lat. folium ‚Blatt') ist ein dünnes Metallblatt, das beim Einfassen der Edelsteine als Unterlage für diese dient und sonst zum Belegen der Spiegel benutzt wird.

eine Blindheit: daß ich in Ihrem Glück nichts Herrliches sehen kann.

O lieber: es wäre mir so lieber.

barbarisch: unmenschlich.

das Insekt: das Infusions- oder Aufgußtierchen, das in einem Aufguß (Infusion) von Wasser auf Heu oder anderen organischen

Stoffen erscheint. Das hier gemeinte Tierchen entspricht dem Pantoffeltierchen, das noch heute in der Anfängerübung des Mikroskopierens auf die gleiche Weise wie damals hervorgebracht wird.
Kondition: Anstellung. Sie meint: Ich wundere mich, daß Sie mich vorhin als Kammerjungfer anstellen wollten, während Sie doch um meine Liebe zu Ferdinand wußten.
Mumie: durch Einbalsamierung vor der Verwesung bewahrte Leiche, besonders im alten Ägypten. Durch den Verlust von Feuchtigkeit zeigten Mumien ein eingefallenes Aussehen; plötzlich an die Luft gebracht, können sie zu Staub zerfallen.
Ohnmacht: Machtlosigkeit der Lady gegenüber. Sie will tun, als ob sie ihr freiwillig den Geliebten abtrete und sich so ein Verdienst um sie erwerbe.
den Himmel . . . geschleift: zerstört.
Gott wird barmherzig sein: der Selbstmord galt als schwere Sünde, vgl. die Äußerung Millers unter V.1.

IV. Akt, 8. Szene

bist du darum über die Grenzen deines Geschlechts hinweggeschritten?: hast du deshalb danach gestrebt, mehr als andere deines Geschlechts zu sein? Hast du dich deshalb über die von der Gesellschaft errichteten Schranken deines Geschlechts hinweggesetzt?
diese wütende Liebe: zu Ferdinand.
Verweisung: Selbstverbannung.

IV. Akt, 9. Szene

Der Einfall . . . : daß sie dem Fürsten entsagen soll.
wirbeln: schwindlig werden.

Wer? Was?: jetzt erst bemerkt sie die Anmeldung des Gastes.
zum Sacktragen: zu willenlosem Dienst, wie ein Esel.
es wäre Vermessenheit: ergänze: Sie zu fragen, was Sie beabsichtigen.
Serenissimus: (lat.) Durchlauchtigster, bis ins 19. Jh. häufig vorkommende Bezeichnung regierender Fürsten, denen das Prädikat „Durchlaucht" gebührte.
Zerreiße deine Rechnung: zum Zeichen, daß du bezahlt bist. Die Gnade, die du mir erwiesen hast, ist durch meine Selbstpreisgabe reichlich bezahlt.
Distrait: (franz., sprich dißträ) zerstreut; sie hat ihn noch gar nicht beachtet.
Vauxhall: (engl.) Gartenfest, benannt nach dem Dorf V. bei London. Dort befand sich eine seit Mitte des 18. Jahrhunderts bis um 1830 bestehende Vergnügungsstätte der vornehmen Welt.
Garderobe: hier: Dienerschaft.
echauffiert: (franz., sprich: eschoffiert) aufgeregt.
vakant: frei, nämlich die Ihre.
müßte der Hals . . . : im Vorgefühl der sicheren Hinrichtung wegen Majestätsbeleidigung.
Goldmann: wegen seiner goldbetreßten Kleidung.
am Nachbeten dessen, was andere getan haben, erwürgen: sie sind nicht nur unfähig, selbst zu handeln, sondern sie ersticken sogar, wenn sie die Taten anderer nur nachbeten wollen.
Ciel!: (franz., sprich: ßiël) Himmel!
Disgrace: (engl.) Ungnade.
Mann des Erbarmens!: der du in deiner Jämmerlichkeit Erbarmen verdienst!
Loretto: richtiger Loreto, Stadt in der italienischen Provinz Ancona mit einer vielbesuchten Wallfahrtskirche, zu der man barfuß pilgerte, um für schwere Sünden Buße zu tun. – Die Lady hingegen will als Tagelöhnerin für ihr ausschweifendes Leben büßen.

V. Akt, 1. Szene

auf allen Toren: auf den Wachstuben an den Toren.
der Mann mit dem traurigen Stern: der Präsident, dessen Ordensstern ihr nicht mehr den Glanz des Hofes darstellen kann.
Wenn hätt ich denn wohl . . . : wann . . .
wie kalte Leichname . . . : reden für keinen anderen, sind für keinen anderen verständlich als für den Geliebten.
zuschanden gemacht: beschämt.
ein holder, niedlicher Knabe: nach Lessings Abhandlung „Wie die Alten den Tod gebildet"; ebenso bei Schiller, „Die Götter Griechenlands":

„Damals trat kein gräßliches Gerippe
Vor das Bett des Sterbenden. Ein Kuß
Nahm das letzte Leben von der Lippe,
Seine Fackel senkt' ein Genius."

Über den Graben der Zeit: über die Grenze zwischen Zeit und Ewigkeit, Leben und Tod.
Jetzt vertust du nichts mehr von deinem Eigentum: ergänze: sondern du beraubst mich.
die Kapitale . . . : das den Kindern in ihrer Jugend erwiesene Gute, dessen Zinsen Liebe und Pflege unseres Alters durch die Kinder sind.
mit dem Hab und Gut deines Vaters: mit dem Anspruch deines Vaters auf deine Liebe und die Vergeltung der dir erwiesenen Wohltaten.
In der Ewigkeit: im Jenseits will ich alles vergelten.
nicht so früh dahin eile . . . : mein Leben nicht vor der Zeit verkürze.
dein treuloses Gaukelbild: der dich täuschende Wahn, daß Selbstmord keine Schuld sei.
ihre sterbliche Puppe: gemeint ist Ferdinand, der Geliebte, der

auch im nächsten Satz gemeint ist in den Umschreibungen „dieser zerbrechliche Gott deines Gehirns“ und „Wurm“.
stehe dir, Gott Richter . . .: kann dir, richtender Gott, nicht mehr für die mir anvertraute Kinderseele Bürgschaft leisten, kann die Verantwortung nicht mehr auf mich nehmen und erfüllen.
deine Teufel: die dir feindlichen Geister, unter ihnen auch die bösen Menschen wie unter anderem der Präsident.
deine guten Engel: deine Schutzgeister, unter ihnen die menschlichen Beschützer, wie z. B. dein Vater.
sein letztes Gedächtnis: die letzte Spur meines Denkens an ihn.
Das ich den Tag meines Lebens nicht wert war: dessen ich mein Lebtag nicht wert war, das viel zu gut für mich ist.
ich setze die Geschichte deines Grams auf die Laute: ich komponiere sie für die Laute.

V. Akt, 2. Szene

erspart mir die Folterung: die Mühe, ein Geständnis zu erzwingen.
sich an die Gewichte . . . hing: wünschend, daß die Zeit schneller verginge.
Aderschlag: Pulsschlag.
Dein Gesicht schimpft deine Ware: Dein Gesicht widerspricht dem „Erfreulichen“, das du zu sagen vorgibst.
Unsre glücklichen Sterne gehen auf: natürlich ironisch gemeint.
seinen Witz noch zu kitzeln: über das Opfer seines Verbrechens sich noch lustig zu machen.
Der Odem des Weltgerichts: der Atem des Todes (des letzten göttlichen Gerichts).
die giftige Natter: Luise.
Vergiß nicht!: ergänze: deinen Schwur.

wird besser bestehn an jenem Tag . . . : am Tage des Weltgerichts, weil er meist Besseres schafft als kluge Berechnung.

V. Akt, 3. Szene

Wir akkordierten: wir vereinbarten.
Skorpionen: vgl. Erl. zu I.7; hier sind die Qualen der Eifersucht und der betrogenen Liebe gemeint.
An dünnen, unmerkbaren Seilen . . . : die „unmerkbaren Seile" sind zufällige, kleine Anlässe (in diesem Fall Ferdinands Flötenstunden), die „fürchterlichen Gewichte" sind schreckliche Folgen (hier der tragische Ausgang seiner Bekanntschaft mit Millers Haus).

V. Akt, 4. Szene

Brust: Herz, Mut.
vom Gesicht dieser Tochter herunterzuzählen: in ihrem Anblick zu finden.
Puppen: Tändelei, Spielzeug.

V. Akt, 5. Szene

Ich hab' sie von Gott: Gott hat sie gegeben, Gott kann sie auch nehmen.
Auf meine Schuldigkeit: an das, was ich noch schulde.
das ganze Gaudium wieder herausblechen müssen: den ganzen Spaß, das ganze schöne Geld, wieder hergeben müssen.
zu dem ganzen grausamen Reichtum: zu dem ganzen schrecklich großen Reichtum.

die Stempel: diese Prägungen, Münzen.
die Backen vollnehmen: den Mund vollnehmen, großtun.
auf dem Markt: er will in ein vornehmes Viertel, nämlich an den Markt, den Mittelpunkt der Stadt, ziehen.
Dreibatzenplatz: Viergroschenplatz, die Galerie im Theater.
Und soll mir französisch lernen: als Zeichen feiner Bildung.
aus dem Fundament: von Grund auf.
Menuett tanzen: das Menuett war ein französischer Hoftanz im Dreivierteltakt, getanzt in kleinen, zierlichen Schritten.
Haube . . . wie die Hofratstöchter: früher bestimmten strenge Kleiderordnungen, welcher Stand welche Kleidung tragen durfte, und markierten damit auch äußerlich die Standesunterschiede schon auf den ersten Blick.
Kidebarri: d. h. Cul de Paris, ‚Pariser Steiß', Polster oder Reifgestell, das im 18. und 19. Jahrhundert unter den Frauenkleidern zur Hebung der Rückenlinie getragen wurde.

V. Akt, 6. Szene

Sie soll dran: sie soll sterben.

V. Akt, 7. Szene

akkompagnieren: durch Gesang oder Flötenspiel begleiten.
so mach ich einen Gang . . . : so spiele ich ein Stück.
Pantalon : Musikinstrument, eine von Pantaleon Hebenstreit in Merseburg um 1690 verbesserte Form des Hackbretts mit zwei Resonanzböden und einem Bezug von Darm- und Drahtsaiten, die mit Klöppeln geschlagen wurden. Das P. kam am Hofe Ludwigs XIV. in Mode; später wurde P. eine Bezeichnung für Klavier überhaupt.

Revanche: Rückkampf, Ersatzspiel für ein verlorenes Spiel.
Dessin: Muster.
meine blöde Bescheidenheit: ich bin natürlich zu bescheiden und nicht so frech gewesen wie dein Buhle von Kalb.
Sie sind aufgeräumt: Sie sind lustig.
um die Knaben . . . zu jagen: so zu Spaß aufgelegt, daß mir die Knaben hinterher laufen würden.
von Roman zu Romane: von Liebschaft zu Liebschaft.
von Schlamm zu Schlamm: von einem nur sinnlichen Vergnügen zum anderen.
Wettlauf: in der Liederlichkeit.
moderne Gerippe: lebendige Leichen, von der Wollust zugrunde gerichtet.
an dem gemeinschaftlichen Familienzug . . . : an der Gemeinheit.
dieser Mutter: der Wollust.
Das war der einzige Fleck der Vergebung: der einzige Umstand, aufgrund dessen du auf meine Vergebung rechnen konntest: daß du nämlich nicht gewußt hättest, wie unglücklich ich durch deine Treulosigkeit wurde.
Mit der Zeit wären wir fertig: Anspielung auf die Vergiftung.
Gute Nacht, Herrendienst!: durch das Ablegen von Degen und Schärpe, den Zeichen des Offiziersranges, nimmt er Abschied vom Militärdienst.
in diesem milden Himmelsstrich: nach alter Vorstellung gedeihen die Laster besonders in sehr heißem Klima.
Schäferstunde: vertrauliches Zusammensein zweier Liebender.
Mißgeburt: Luises (vermeintlich) schlechte Seele.
Wie Bräute: so reizend, so lieblich.
die ihres unendlichen Wohlwollens hier verfehlte: ihr unendliches Wohlwollen verfehlte.

die Pest: Sünde.
auf eine menschliche Probe kommen: d. h. die jetzt vorgenommene Prüfung ist unmenschlich.
In jene Welt hinaus . . . : bis über den Tod hinaus will ich meine Rache nicht treiben, indem ich sie mit einer Lüge auf den Lippen sterben lasse.
Die zärtliche Nerve . . . : eure zarten Nerven sind stark genug, um furchtbares seelisches Verderben auszuhalten, können aber kein den Körper angreifendes Gift vertragen.
dem Tod zugetrunken: mit dem Tod Brüderschaft getrunken.
Der gerührte Würger: der mitleidige Tod.

V. Akt, 8. Szene

die Finte: der Kunstgriff.
deine hölzerne Puppe: der Hofmarschall von Kalb.
auf Sie fall' es nicht: dir will ich die Schuld an meinem Tod nicht anlasten.
die Würgeengel: die dich strafenden Engel.
Ich wasche die Hände: ergänze: in Unschuld.
Erkenntlichkeit: Dank, Entschädigung für seinen Unterricht.
an diesem Altar: an Luises Leiche.
Geschöpf und Schöpfer: Menschen und Gott.

I.3. Gang der Handlung

I. Akt, 1. Szene. Der fromme und bibelfeste Musiker Miller erfährt von dem Verhältnis, das seine bürgerliche Tochter mit dem jungen Major Ferdinand von Walter, dem Sohn des Präsidenten am Hofe des Herzogs, hat. Er erklärt seiner Frau empört, daß das Verhältnis aufhören müsse und ist äußerst ungehalten gegenüber seiner Frau, die sich über die Geschenke, die der Herr von Walter stets mitbringt, sehr freut, da sie der armen Familie einen etwas besseren Lebensstandard ermöglichen. Er will der Gewissenlosigkeit der Frau ein Ende bereiten und höchstpersönlich den Präsidenten, darum bitten, seinem Sohn eine Beziehung zu verbieten, die aus Standesrücksichten sowieso nicht zusammenwachsen kann.

I. Akt, 2.Szene. An der Ausführung seines Planes wird Miller durch das Erscheinen des Schreibers Wurm gehindert. Wurm ist Geheimsekretär des Präsidenten. Er hat ein Auge auf die schöne Luise geworfen und möchte die Geigerstochter gern heiraten. Miller verweist ihn an die Tochter selbst, ohne ihm jedoch Hoffnung zu machen. Frau Miller aber plaudert in ihrer dummdreisten Gefallsucht das Verhältnis Luisens mit dem Major aus, und schließlich gibt auch Miller selbst seinem Widerwillen gegen den häßlichen und tückischen Wurm derart deutlich Ausdruck, daß der Schreiber, bitter beleidigt, davoneilt.
Miller schilt nunmehr seine Frau wegen ihrer protzigen Dummheit, da er (mit Recht) fürchtet, daß Wurm nunmehr ihre Mitteilung zu gefährlichen Intrigen ausnutzen wird.

I. Akt, 3. Szene. Deshalb will Miller seine Tochter, die eben aus der Messe zurückkommt, veranlassen, ihrem Geliebten zu entsagen. Er erschrickt dann allerdings vor der Kraft ihrer Leidenschaft und sieht verzweifelnd kaum mehr eine Möglichkeit, sein Ziel zu erreichen. Luise ist sich der Standesschranken zwischen dem adligen Ferdinand und ihrer bürgerlichen Herkunft bewußt. Sie entsagt daher ihrem Geliebten für das Diesseits und wartet auf eine Vereinigung im Jenseits, wo es keine Standesunterschiede gibt.

I. Akt, 4. Szene. Ferdinand tritt auf. Luise teilt Ferdinand ihren Entschluß mit, den sie für unumstößlich hält, da sie nicht daran glaubt, daß Ferdinands Vater die Verbindung über die Standesschranken hinweg zulassen wird. Ferdinand beschwört seinen unbedingten Willen, alle Hindernisse überwinden zu wollen, da die Liebe über allem steht, auch den Standesgrenzen. Luise fühlt zwischen Hoffnung und Verzweiflung ihre Seelenruhe vollends dahinschwinden.

I. Akt, 5. Szene. Szenenwechsel: Im Schloß unterrichtet unterdessen Wurm den Präsidenten, daß die Beziehung Ferdinands mit der Geigerstochter sehr ernst zu nehmen sei. Der Präsident zweifelt noch. Er ist auch von einem anderen Plan völlig in Anspruch genommen: Da der Herzog nunmehr eine Standesehe eingehen wolle, das Verhältnis zu seiner Mätresse Lady Milford aber fortsetzen möchte, wird ein Ehemann für die Lady gesucht, um den Schein einer sittlichen Ordnung aufrecht zu erhalten. Für den ‚Posten' des Ehemanns, denn da eine Verbindung mit der Lady viel Macht verspricht, ist es ein ‚Posten', hat der Präsident seinen eigenen Sohn, Ferdinand, ausersehen.
Der Präsident verspricht, Wurm in Bezug auf Ferdinand zu glauben, falls sich sein Sohn weigere. Wurm empfiehlt, die Probe dadurch zu untermauern, daß zum Schein Ferdinand die Ehe mit einer untadeligen Adligen angeboten werde. Lehne der Major ab, so sei dies ein Beweis für die Richtigkeit der Angaben Wurms.

I. Akt, 6. Szene. Wie gerufen, erscheint der Hofmarschall und Zeremonienmeister von Kalb. Diese lächerliche Hofschranze erhält die Weisung, der Lady Milford die Aufwartung Ferdinands anzukündigen und die Nachricht von der bevorstehenden Heirat in der ganzen Residenz zu verbreiten.

I. Akt, 7. Szene. Nunmehr läßt der Präsident von Walter seinen Sohn zu sich kommen und versucht erst durch Milde, dann mit Strenge, Ferdinand für seinen Plan zu gewinnen. Er gesteht ihm, daß er ein Verbrechen begangen hat, um in die Position des Präsidenten zu gelangen. Der Präsident erklärt, daß er alles nur seinem Sohn zuliebe begangen hat, nämlich um diesem den Aufstieg bei Hofe zu erleichtern.
Als Ferdinand sich immer noch den Befehlen seines Vaters verweigert, wird unter Anwendung der von Wurm empfohlenen Probe klar, daß Ferdinand eine Bürgerliche liebt. Durch die Drohung, weiter nachspüren zu wollen, bringt der Präsident seinen Sohn dazu, der Mätresse zunächst seine Aufwartung zu machen. Ferdinand spielt auf Zeit und hofft, daß er durch Zurschaustellung kalter Verachtung die Lady Milford von einer Verbindung mit ihm wird abbringen können.

II. Akt, 1. Szene. Nachdem nunmehr jeder glaubt, in der Mätresse des Herzogs ein besonders verkommenes Exemplar dieser Gattung vorgeführt zu bekommen, wird die Erwartung des Lesers/Zuschauers in den folgenden Szenen kontrastiert: Lady Milford erwartet Ferdinand keineswegs intrigengewandt und überlegen, sondern voll innerer Unruhe. Es stellt sich heraus, daß sie Ferdinand liebt und deshalb selbst dem Hofklüngel den Plan von der Hochzeit mit dem Major eingegeben hat. Im übrigen verachtet sie den Herzog und sein Günstlingsregime und hofft, mit Ferdinand als Ehemann das Land verlassen zu können.

II. Akt, 2. Szene. Der Herzog schickt der Milford schon jetzt einen kostbaren Brillantschmuck als „Hochzeitsgeschenk". Im Gespräch mit dem Diener des Herzogs erfährt die Lady von der großen Not des Volkes und vom Verkauf der Landeskinder als Soldaten an die Engländer. Da sie bisher schon, wo sie konnte, mildernden Einfluß auf die Auswüchse der Mißwirtschaft genommen hat, rührt sie die Erzählung von den barbarischen Vorgängen beim Abmarsch der verkauften Untertanen bis ins Mark. Sie ist empört und befiehlt, den Schmuck sofort zu verkaufen und den Erlös an die Einwohner einer Stadt an der Grenze zu verteilen, um die Folgen einer Feuersbrunst zu lindern.

II. Akt, 3. Szene. Ferdinand tritt auf. Er erklärt der Milford, daß er nur gezwungen zu ihr komme und die Verbindung mit ihr verabscheue. Weder als Mann von Ehre noch als Edelmann noch als Offizier könne er dem Plane seines Vaters zustimmen. Im übrigen könne er nicht verstehen, wieso sie, die Tochter des vorbildhaft freiheitlichen Volkes der Engländer, Mätresse eines Fürsten werden und durch den Aufwand, der für Hof- und Liebesvergnügen getrieben werde, soviel Unheil über das Land bringen konnte. Lady Milford allerdings bringt durch den Bericht ihrer Lebensgeschichte dem jungen Major sehr bald einen ganz anderen Begriff von ihrem unglücklichen Schicksal bei und belegt ihren edlen Charakter.
Dennoch bleibt Ferdinand bei der Erklärung, daß Pflicht und Liebe ihn an Luise fesseln. Die Lady sieht nunmehr gleichfalls ihre Ehre auf dem Spiel und kündigt an, kein Mittel unversucht zu lassen, um Ferdinand für sich zu erobern.

II. Akt, 4. Szene. Szenenwechsel: Wieder im Hause Miller. Als der Geiger heimkommt, bemerkt er, daß der Präsident nach ihm geschickt hat, die herzoglichen Diener stehen schon unten an der Tür. Miller schimpft auf seine Frau, in der er nur eine Kupplerin sieht. Er will die Dinge nunmehr bereinigen und zum Präsidenten gehen. Eine Flucht außer Landes mit seiner Tochter, aber ohne seine Frau, kommt ihm auch in den Sinn.

II. Akt, 5. Szene. Da stürzt der Major herein, der einen Gewaltstreich seines Vaters gegen Luise befürchtet. Er erzählt seiner Geliebten von den Plänen seines Vaters. Luise ist nunmehr völlig verunsichert, und Miller läßt durchblicken, daß wohl auch Ferdinand lediglich, wie die Herren von Stand üblicherweise mit Bürgerstöchtern verfahren, handeln wird, nämlich sie nach dem Vergnügen sitzen lassen. Ferdinand versichert dagegen in feurigen und pathetischen Worten, daß er die Liebe zu Luise gegen alle Kabalen und Gewalten bis zum Tode verteidigen will.

II. AKt, 6. Szene. Da erscheint der Präsident selbst mit einem Gefolge von Gerichtsdienern. Er behandelt Luise wie eine gewöhnliche Dirne. Weder Ferdinand noch der alte Miller, der deutlich seine Meinung sagt und sich beim Herzog beschweren will, vermögen sich gegen den Präsidenten zu wehren.

II. Akt, 7. Szene. Schließlich entreißt der Präsident Ferdinand die Geliebte mit Gewalt, um sie an den Pranger stellen zu lassen. Im letzten Moment zwingt Ferdinand seinen Vater, von seinem Vorhaben abzulassen, indem er damit droht, Verbrechen des Präsidenten preiszugeben.

III. Akt, 1. Szene. Nach dem vorläufigen Scheitern der Kabale berät am folgenden Tag der Präsident mit seinem Sekretär Wurm die Lage. Wurm entwickelt einen neuen Plan: Millers Äußerungen sollen zum Anlaß genommen werden, das Ehepaar wegen Beleidigung des Herzogs in der Person des Präsidenten zu verhaften. Die verängstigte Tochter aber soll unter dem Vorwand, damit ihre Eltern freizubekommen, gezwungen werden, einen ihr vordiktierten Liebesbrief an den Hofmarschall von Kalb zu schreiben, um nicht mehr als unschuldige, reine Liebende, sondern nunmehr als Verräterin der Liebe und loses Mädchen dazustehen. Ihr

Schweigen über das Zustandekommen des Briefes soll mit einem Eid bekräftigt werden, dessen Wirkung man – im Gegensatz zur Hofgesellschaft – unter frommen Bürgersleuten hoch veranschlagt. Der Brief soll Ferdinand in die Hände gespielt werden. Mit allem hofft man, die zersetzende Kraft der blinden Eifersucht bei Ferdinand hervorzurufen.

III. Akt, 2. Szene. Während sich Wurm entfernt, um den Brief aufzusetzen, bringt der Präsident den Hofmarschall durch Schmeichelei und Einschüchterung zu einer Zustimmung zu seinem Plan.

III. Akt, 3. Szene. Der Präsident und Wurm besprechen den fertigen Brief, und Wurm wird auf seine Mission geschickt.

III. Akt, 4. Szene. Szenenwechsel: Ferdinand hat Luise aufgesucht. Er versichert ihr ewige Liebe und fordert sie auf, mit ihm zu fliehen. Sie aber bittet ihn um seiner selbst willen, ihr zu entsagen. Von Flucht will sie nichts wissen, da sie ja ihre Eltern nicht der Rache des Präsidenten aussetzen will.
Diese Äußerungen können nicht mit den wahrheitsgemäßen Angaben erläutert werden. Ferdinand übersieht die Hinweise Luises, daß sie zum Schweigen verpflichtet ist, und vermutet mit einem Mal, daß die Liebesbeziehung zu einem anderen Mann hinter dem Verhalten Luises steckt. Das tragische Mißverständnis ist da. Ferdinand verläßt Luise in Zorn und Verzweiflung.

III. Akt, 5. Szene. Luise bleibt allein zurück. Sie wartet vergeblich auf die Rückkehr der Eltern, die schon fünf Stunden fort sind. Sie versinkt in Sorge.

III. Akt, 6. Szene. Statt der erwarteten Eltern erscheint der Schreiber Wurm. Er behauptet, von den Eltern geschickt zu sein,

damit die Tochter für die Befreiung der Eltern einen kleinen Dienst leiste. Luise will sofort zum Herzog gehen. Wurm allerdings macht ihr klar, daß der Preis für eine Audienz beim Herzog unweigerlich ihre Unschuld sei und daß den Eltern nur zu helfen sei, wenn Ferdinand freiwillig auf sie verzichte.
Luise, völlig verschüchtert, ist nunmehr bereit, nach Diktat einen Brief an einen ihr völlig unbekannten Adressaten zu richten. Wurm wiederholt in dieser Situation im übrigen seinen Heiratsantrag und erklärt großmütig, über ihre vorangegangene Liebe mit einem Edelmann hinwegsehen zu wollen. Luise weist ihn in scharfer Form zurück, muß aber dennoch das Versprechen, über die gerade geschehenen Ereignisse zu schweigen, mit einem Eid in Form eines Abendmahls, eines Sakraments also, bekräftigen.

IV. Akt, 1. Szene. Der Hofmarschall hat den Brief Luises bei der Parade aus der Tasche fallen lassen, so daß Ferdinand ihn finden mußte. Ferdinand hat den Brief gelesen und, außer sich vor Wut, den Hofmarschall zu sich bestellt. Seine Erregung ist nicht mehr zu verbergen.

IV. Akt, 2. Szene. Ehe der Hofmarschall erscheint, ergeht sich Ferdinand in der schmerzlichen Betrachtung der Niederträchtigkeit der – ihm ja vorgespielten – Untreue Luises. Er fühlt sich hintergangen und vermeint, nun auch im Hause Miller die niederträchtigen und losen Verhaltensweisen des vergnügungssüchtigen Hofes zu erleben. Er würde Luises Treulosigkeit ja gern für unwahr halten, hätte er nicht den Brief an den Hofmarschall in der Hand.
Das gesamte Verhalten Luises erscheint ihm nunmehr rückschauend in einem anderen Licht, und zwar als langfristig geplantes und durchgehaltenes Täuschungsmanöver wie etwa die heldenmütig vorgetragene Entsagung oder die Ohnmacht, als

Miller die drohende Gefahr durch den Präsidenten meldete. Geradezu fürchterlich ist ihm der Gedanke, daß Luise ihn nur deshalb noch gehalten hätte, um ihren Stolz und ihre Befriedigung über diese hochgestellte Männerbekanntschaft zu bestätigen.

IV. Akt, 3. Szene. Als der Hofmarschall von Kalb erscheint und seinem Auftrag gemäß sich seines Verhältnisses mit Luise rühmt, will der Major in seiner Wut sich zunächst mit von Kalb schießen, stößt aber zuletzt den nicht gerade tapferen Hofmarschall mit Verachtung zur Tür hinaus. In seiner Erregung hat er allerdings gar nicht bemerkt, daß der Hofmarschall in seiner Angst im Zuge war, den ganzen Vorgang als Täuschungsmanöver zu entlarven. Die Wut macht Ferdinand taub und somit bleibt das tragische Mißverständnis zwischen ihm und Luise erhalten.

IV. Akt, 4. Szene. Von Luises Untreue voll überzeugt, verzweifelt Ferdinand an der Welt und beschließt, Luise und sich zu töten.

IV. Akt, 5. Szene. Ferdinands Verzweiflung wird noch gesteigert, als der Präsident, um die Kabale vollends wirken zu lassen, dem Sohne die Einwilligung zur Eheschließung mit Luise verkündet. Ferdinand durchschaut die Intrige seines Vater nicht, mißversteht dessen Worte aber auf andere Weise: Er glaubt, daß es Luise nunmehr gelungen sei, auch den Vater zu täuschen, was ihre Niedertracht in seinen Augen beträchtlich erhöht.

IV. Akt, 6. Szene. Sophie hat im Auftrag der Lady Milford Luise zu ihrer Herrin bestellt und zur Antwort erhalten, daß die Einladung dem eigenen Wunsch Luises entspreche. Nun erwartet die Lady – aufs Prächtigste geschmückt – unruhig das Bürgermädchen, um es zu demütigen und zu bewegen, Ferdinand aufzugeben.

IV. Akt, 7. Szene. Luise wird von der Milford geringschätzig empfangen. Die Lady warnt Luise, sich nur auf ihre Reize zu verlassen, die ebenso vergingen wie die Schmeicheleien eines Liebhabers, dem ja nicht zu trauen sei. Die Lady bietet daher Luise die Stelle Sophies an, damit sie wenigstens die Manieren der ‚großen Welt' lernen könne.
Luise lehnt ab und erklärt, daß sie jeden Anspruch auf Erdenglück aufgegeben habe und überdies schon gar nicht in der moralisch bedenklichen Atmosphäre des Hofes glücklich werden könne. Sie provoziert ihrerseits die Lady mit der Frage, ob sie denn in dieser Welt glücklich sei. Die Milford gibt sich der Seelenhoheit Luisens geschlagen und sucht die Freundschaft des Bürgermädchens. Luise hält dieses Angebot für reinen Spott und verzichtet auch vor der Lady auf Ferdinand. Sie betont allerdings, daß die Milford zwischen sich und Ferdinand immer das Gespenst einer Selbstmörderin erleben werde.

IV. Akt, 8. Szene. Die Lady ist tief erschüttert. Luises reine Liebe hat sie beschämt. Nach hartem inneren Kampf beschließt sie, ihr Verhältnis mit dem Herzog zu lösen. Auch sie vermag zu entsagen und plant, außer Landes zu gehen, um ein tugendhaftes Leben zu beginnen.

IV. Akt, 9. Szene. Die Lady ruft ihre Dienerschaft zusammen und läßt vor ihrem Gefolge ihren Abschiedsbrief an den Herzog verlesen. Der Brief betont, daß gleich einem Vertrag die Bedingung für ihre Liebe das Glück des Landes und der Untertanen gewesen sei. Der Herzog habe den Vertrag nicht gehalten, weshalb sie nunmehr aller Verpflichtungen ledig sei. In rührender Weise nimmt sie Abschied von der Dienerschaft, die in ihr eine gute Herrin verliert. Bevor die Milford das Land verläßt, ordnet sie die Verteilung des Inhalts ihrer Schatulle unter der Dienerschaft an.

V. Akt, 1. Szene. Luise beschließt, ihren Selbstmordlplan auszuführen. In einem Brief teilt sie Ferdinand mit, daß ihre Liebesbeziehungen durch schurkische Machenschaften zerrissen worden seien, daß sie aber durch einen Schwur auf absolutes Schweigen verpflichtet worden sei. Ferdinand solle jedoch zur Mitternachtsstunde kommen, um gemeinsam mit ihr in den Tod zu gehen. Die Tröstungen, die christlichen und väterlichen Ermahnungen des alten Miller sowie der Anblick seines Kummers veranlassen sie jedoch dazu, von ihrem Plan abzusehen.

V. Akt, 2. Szene. Ferdinand tritt auf. Er will sich vergewissern, ob Luise den Brief an den Hofmarschall wirklich geschrieben hat. Ihrem Eide gemäß bejaht sie die Frage. Von Eifersucht geblendet, achtet Ferdinand nicht auf Luises Andeutungen, die auf ein schreckliches, verbrecherisches Geheimnis schließen lassen. Vielmehr sieht er nur das ihm zugefügte ‚Unrecht' und empfindet ausschließlich verletzten Stolz und Liebesschmerz. Somit verlängert sich das tragische Mißverständnis im Verhältnis der beiden. Ferdinand ist nun fest entschlossen, seinen Plan auszuführen und bittet um ein Glas Limonade.

V. Akt, 3. Szene. Im Gespräch mit dem alten Miller läßt Ferdinand noch einmal Erlebnisse aus der Vergangenheit vorüberziehen. Wehmütig erinnert sich Ferdinand daran, daß er ursprünglich das Flötenspiel habe erlernen wollen und dabei nun sein Unglück gefunden habe. Er schickt den alten Miller hinaus, um nach der Limonade zu sehen.

V. Akt, 4. Szene. Ferdinand bleibt allein. Im Selbstgespräch erklärt er, daß er Luise und sich vergiften will. Er bedauert nur den armen Vater, den er mit seinem Plan um sein ganzes Glück bringen wird.

V. Akt, 5. Szene. Als der alte Miller zurückkommt, sucht Ferdinand ihn durch Goldstücke für die früheren Flötenstunden zu entschädigen. Miller wird durch den unverhofften Reichtum mit einem Mal in geradezu närrische Freude versetzt. Die christliche Bescheidenheit geht verloren, Miller weiß sich kaum zu mäßigen und zeigt durch allerlei stutzerhafte Pläne an, daß er mit dem Reichtum die engen Grenzen seiner Schicht und seines Standes zu verlassen gedenkt.

V. Akt, 6. Szene. Luise kommt mit der Limonade. Ferdinand schickt Miller zum Präsidenten mit der Bitte, ein Schreiben zu überbringen. Miller ist gern bereit, diesen Dienst zu erfüllen, obwohl ihn Luise ängstlich, aber eindringlich zurückzuhalten versucht. Als sie ihren Vater schließlich zur Tür begleitet, wirft Ferdinand das Gift in die Limonade.

V. Akt, 7. Szene. Sobald Ferdinand mit Luise allein ist, macht er ihr die bittersten Vorwürfe wegen ihrer vermeintlichen Untreue, trinkt dann von der Limonade und fordert Luise auf, ebenfalls zu trinken. Schließlich fordert Ferdinand Luise auf, nunmehr angesichts des Todes noch einmal die Wahrheit zu sagen. Die Entdeckung, daß sie tödliches Gift getrunken habe, löst ihre Zunge, und die Wahrheit kommt an den Tag.
Ferdinand will nunmehr in rasender Wut vor seinem eigenen Tod noch den Präsidenten durchbohren, doch der Tod Luises, die sterbend Ferdinand und allen anderen Schuldigen vergibt, hält ihn zurück. Von seinem seelischen Schmerz überwältigt, greift er nochmals zur vergifteten Limonade, um seinen Tod zu beschleunigen.

V. Akt, 8. Szene. Auf Ferdinands Brief hin ist der Präsident mit Wurm, Miller und einem Gefolge von Dienern und Bütteln herbeigeeilt und sieht nunmehr, welchen Ausgang seine Kabale genommen hat. Er schiebt zunächst alle Schuld auf seinen Sekretär Wurm. Wurm aber kündigt ihm in grimmiger Wut die Offenbarung der früheren Verbrechen an. Miller eilt mit einem Fluche verzweifelt aus dem Haus. Der völlig gebrochene Präsident erlangt von seinem sterbenden Sohn Vergebung und übergibt sich daraufhin selbst der Gerichtsbarkeit.

I.4. Aufbau des Dramas

1. AKT – EXPOSITION DER DRAMATISCHEN AUSGANGSSITUATION

A) Exposition zur äußeren Handlung

Der 1. Akt führt die dramatische Ausgangssituation vor:

1) die **Liebesbeziehung zwischen Ferdinand von Walter und Luise Miller** (I,1–I,4);
2) das **Anlaufen der Kabale,** durch die der Präsident von Walter in das Liebesverhältnis eingreift (I,5–I,7);
3) als **zusätzlicher, dramatischer Impuls** fungiert die **Gestalt Wurms,** der als – eigentlich standesgemäßer – Mitbewerber um Luise sowie als Sekretär des Präsidenten auf beiden Feldern der dramatischen Ausgangssituation zu finden ist. Die herabsetzende Abweisung im Hause Miller (I,2) bewirkt eine glaubhafte Handlungsmotivation für die Gestaltung und Ausführung der Kabale im weiteren Verlauf des Stückes.

B) Exposition des inneren dramatischen Konfliktstoffes, der sich dann im gesamten Drama immer wieder in den Auseinandersetzungen der Kontrahenten auswirkt. Ein innerer dramatischer Konfliktstoff besteht sowohl für die Liebesbeziehung der beiden jungen Leute als auch für das Kabalen-Management dadurch, daß persönliche Wunschvorstellungen und individuelle Rechte zur Verwirklichung des eigenen Glücks mit gesellschaftlichen Strukturen und Konventionen zusammenfallen. Folgende Konfliktbereiche lassen sich ausmachen:

1) Die **enge, echte Herzensbeziehung** zwischen Ferdinand und Luise **widerspricht** den strengen **Trennungen zwischen den gesellschaftlichen Ständen.**

2) Die Liebesbeziehung führt zu **Konflikten im Gefüge der Familienstruktur,** sowohl in der bürgerlichen Familie der Millers als auch im Verhältnis des Präsidenten zu seinem Sohn Ferdinand.

3) Ein innerer Konfliktstoff liegt auch in der **unterschiedlichen moralischen Haltung** und Lebensführung, mit denen die **Bürgerfamilie** und die **Hofkamarilla** aufeinanderprallen:
   a) die Bürgerfamilie verficht die Einhaltung einer strengen christlichen Ethik;
   b) die Hofgesellschaft handelt nach reinen Macht- und Lustbarkeitsgesichtspunkten und spielt im Interesse dieser Maximen ethische Haltungen und persönliche Herzensgefühle anderer gegeneinander aus und macht sie instrumentell nutzbar.
   – Schiller läßt allerdings die Bürgerfamilie nicht in moralisierender Idealität erstarren, sondern fügt durch die pragmatisch-opportunistische Figur der Frau Miller einen lebensnahen Kontrast hinzu.

2. AKT

A) Äußere dramatische Handlung

1) Zunächst erfährt der Ablauf der dramatischen Handlung eine Verzögerung durch die ausführliche Vorstellung der Figur der **Lady Milford** in Auseinandersetzungen mit der Dienerschaft und mit Ferdinand (II,1–II,3).
2) Sodann entwickelt sich die dramatische Handlung mit einem **ersten, noch plumpen Anlauf der Kabale,** mit der der Präsident Ferdinand und Luise trennen will. Der Anlauf scheitert (II,4–II,7).

B) Innerer dramatischer Konfliktstoff

1) Die retardierenden Partien im Handlungsablauf, die Vorstellung der Mätresse des Herzogs, dienen der weiteren Erläuterung des inneren dramatischen Konfliktstoffs, indem sie **beklagenswerte Zustände am Hof und im Regiment des Herzogs** über seine Untertanen enthüllen. In der Person der – ‚edlen' – Mätresse wird verdeutlicht, daß die herrschenden gesellschaftlichen Verhältnisse die moralisch integre Persönlichkeit nicht zulassen.
   – In der dramatischen Zuordnung ist Lady Milford der Gegenpol zur Frau Millers. So wie diese die strenge Einsinnigkeit der Maximen der bürgerlichen Familie relativiert, zeigt die Lady, daß im Zentrum der Hofgesellschaft nicht alle Menschen böse sind.

Die Bedeutung der beiden Frauengestalten für den Ablauf der Kabale ist dieselbe: weder die Millerin noch Lady Milford treiben die dramatische Handlung selbsttätig voran.

2) Die Szenen des aktiven Handlungsverlaufs zeigen die **sittliche Opposition zwischen der bürgerlichen Familie und dem Hof.** Miller demonstriert durch Worte und Haltung die moralische Überlegenheit der bürgerlichen Familie, während der Präsident die sittliche Verwerflichkeit des Hofes repräsentiert, indem er sich einmal auf brutale Gewalt stützt und zum anderen Luise dadurch demütigt, daß er sie – wie bei Hofe eben üblich – allein als vorübergehendes sexuelles Lustobjekt eines adligen Galans anspricht.

3. AKT

Im 3. Akt wird auf der Ebene der **äußeren dramatischen Handlung** diejenige **tragische Konstellation hergestellt,** die gewissermaßen in einem Automatismus schließlich zum Untergang der Liebenden führt:

1) Auf wesentlich raffiniertere und noch schändlichere Weise als bisher wird **ein neuer Anlauf der Kabale konzipiert** (III,1 – III,3) und nunmehr auch mit dem vorgetäuschten Liebesbrief Luises und ihrer Verpflichtung auf absolutes Schweigen durch Wurm erfolgversprechend abgesichert (III,6).
2) Erste Wirkungen zeigt die Kabale, als es wegen Luises Schweigepflicht zum **Zerwürfnis zwischen den beiden Liebenden** selbst kommt (III,4). Hier entsteht das **tragische Mißverständnis** auf Ferdinands Seite, das einen anderen Liebhaber vermutet und nunmehr blinde Eifersucht als Triebkraft des Handelns erweckt.

4. AKT

A) Äußere dramatische Handlung

1) Die Intrige beginnt die gewünschte Wirkung zu zeigen, die **Tragödie nimmt ihren Lauf.**
   Ferdinand wird durch den fingierten Liebesbrief Luises in seinem tragischen Mißverständnis bestärkt, in dramatische innere Konflikte gestürzt, und so **faßt** er schließlich den Entschluß, selbst einen tödlich-tragischen Ausgang seiner Liebesbeziehung herbeizuführen. Die **tragische Entscheidung** wird mit einem Nachfassen der Intrige, die nunmehr schon mit Ferdinands Mißverständnis rechnet, besiegelt. Der Präsident selbst tritt als Akteur in seinem Intrigenspiel auf (IV,5).
2) Die Szenen IV,6–IV,9 bringen mit einer Wiederaufnahme der **Lady-Milford-Handlung** wieder eine **Retardierung im zügigen Ablauf der Tragödie.** Neben ihrer relativen Eigenständigkeit bilden die Szenen im tragischen Zusammenhang des 4. Aktes noch eine **Parallelhandlung** zu den Ferdinand-Szenen, indem auch hier eine tragische Entscheidung fällt, nämlich die **Selbstmordankündigung Luises.**

B) Innerer dramatischer Konfliktstoff

Die **Szenen IV,6–IV,9 wiederholen** noch einmal **den inneren dramatischen Konfliktstoff** des Dramas, der unter Akt 1, B,2) charakterisiert worden ist, nämlich die Gegenüberstellung der christlich-tugendhaften Bürgerwelt zur haltlosen und unmoralisch höfischen (Schein-)Welt. Die Überzeugungskraft der Tugendwelt des Bürgertums trägt in diesem Falle sogar den Sieg davon.
Szene IV,9 gibt durch einen Hinweis auf ein vertragsähnliches

Verhältnis zwischen dem Herzog und seiner Mätresse einen Ausblick auf eine fortschrittlichere Regierungsform, nämlich die derjenigen Art des Staatsvertrages, der bei Nichterfüllung durch den Herrscher auflösbar ist.

5. AKT

A) Äußere dramatische Handlung

1) Der Ablauf der Tragödie erfährt zunächst eine weitere **Retardierung,** sogar einen vorläufigen Umschwung, **als Luise** ihren **Selbstmordplan** auf Bitten des alten Miller **aufgibt** (V,1).
2) **Dann freilich läuft** mit dem Auftreten Ferdinands **die Tragödie folgerichtig ab.** Der **Major** verschafft sich noch einmal Gewißheit über den Brief Luises an den Hofmarschall, was aufgrund der eidlichen Schweigeverpflichtung Luises auch geschieht (V,2). Anschließend regelt Ferdinand seine Geschäfte mit dem alten Miller (V,3–5) schickt den Alten fort und **schreitet zur Tat,** indem er die Limonade vergiftet, die Luise auf seinen Wunsch geholt hat (V, 6).
3) Der **tragische Höhepunkt** des Dramas wird erreicht, als im **Angesicht des nahen Todes die Erkenntnis der Wahrheit** erlangt wird, aber weder die Folgen des tragischen Mißverständnisses rückgängig gemacht werden können noch die zum Leben verbleibende Frist ausreicht, Rache an den verbrecherischen Gegenspielern zu nehmen. Luise erliegt bereits dem Gift (V, 7).
4) Der tragische Höhepunkt des Dramas führt schließlich noch zu einem **Wendepunkt,** indem der **Kampf des inneren Konfliktstoffes des Dramas entschieden** wird, **es siegt** schließlich die **christlich-bürgerliche Tugend** über moralvergessendes

höfisches Intrigantenverhalten: Erschüttert vom Ausgang der von ihm angezettelten Kabale, stellt sich, nachdem auch sein Sohn Ferdinand gestorben ist, der Präsident selbst dem Gericht. Wurm stellt sich ebenfalls in zerstörerischer wie in selbstzerstörerischer Lust, indem er die Aufdeckung der gemeinsam mit dem Präsidenten durchgeführten Intrigen und Verbrechen aufzudecken ankündigt. Sowohl Luise als auch Ferdinand hatten sterbend ihren Gegnern vergeben (V, 8).

II. Themen der Interpretation anhand von Vergleichstexten

II.A. Das Zeitalter des Absolutismus

II.A.1. Überblick

Allgemeine Bestimmung der absolutistischen Staats- und Regierungsform:
„Alle Kräfte werden zusammengefaßt, eine feste gesellschaftliche Ordnung aufgerichtet, die Verwaltung zentralisiert; der Wille des Monarchen, in dem sich der Staat verkörpert, lenkt das gesamte Leben der Untertanen, und zwar im Gegensatz zum Lehns-, Stände- und Volksstaat ohne Kontrollinstanz; der absolute Herrscher beansprucht, aus göttlichem Recht zu regieren (auch Gottesgnadentum) und allein vor Gott verantwortlich zu sein; er erstrebt nicht nur politisch-, militärische, sondern auch wirtschaftliche Einheit, Stärke und Unabhängigkeit."
(Nach **E. Bayer,** [**Hrsg.**], Wörterbuch zur Geschichte, 1960, S. 5; die Abkürzungen des Wörterbuchartikels wurden aufgelöst.)

Im absoluten Staate stand der „Untertan" gleichsam vom ersten bis zum letzten Atemzuge unter strengster Staatsaufsicht. Den unverfälschten Geist des fürstlichen Absolutismus spiegelt klassisch folgende fürstlich badische Hofkammerordnung wider:
„Unsere fürstliche Hofkammer ist die natürliche Vormünderin unserer Untertanen. Ihr liegt ob, dieselbigen von Irrtümern ab und auf die rechte Bahn zu führen, auch gegen ihren Willen sie zu belehren, wie sie ihre eigene Haushaltung einrichten, ihrem Feld-

bau vorstehen und durch mehr wirtschaftlich betriebene Haushaltung zur Ertragung der schuldigen Landesabgaben die Mittel sich erleichtern möchten."
(**P. Kampfmeyer,** Geschichte der Gesellschaftsklassen in Deutschland, 1910, S. 99).

Die Rechtspflege erfuhr überall eine Reform, wurde namentlich durch die Aufhebung der Folter humaner gestaltet, die Rechtslage der Bauern wurde in Baden 1783 durch die Aufhebung der Leibeigenschaft dem Gedanken der natürlichen Freiheit angepaßt, während die Belastungen des Bodens noch bestehenblieben. Die Sorge für eine Verbesserung des Schulwesens verfolgte unmittelbar den Zweck, die Bevölkerung aufgeklärter und damit glücklicher zu machen. Dem humanen Zuge dieser Reformtätigkeit entspricht es, daß überall Wohlfahrtsanstalten, Zucht- und Arbeitshäuser, Armen- und Krankenanstalten, Versicherungen aller Art errichtet wurden, daß ferner die Ausdehnung der Medizinalpolizei eine große Rolle spielte.
Die kleinstaatliche Reformpolitik in der Zeit der Aufklärung schließt sich also ganz an die patriarchalische Regierungsweise des Jahrhunderts der Reformation an, in ihrem Ziel, das Behagen der Untertanen zu erhöhen, sie nach den Worten Karl Friedrichs „frei, opulent und gesittet" zu machen, wie in ihrem Mittel, der Bevormundung des Volkes, die ihren klassischen Ausdruck in der badischen Hofkammerordnung von 1766 gefunden hat: danach sollte die Hofkammer die „natürliche Vormünderin" der Untertanen sein und diese „auch gegen ihren Willen belehren, wie sie ihre eigene Haushaltung einrichten" sollen. Aber trotz diesem oft recht kleinlichen Eingreifen in das private Leben, z. B. mit den Verboten des Kaffeetrinkens, wohnte man nicht nur unter dem Krummstab, sondern auch in den gut regierten, weltlichen Kleinstaaten bequem und behaglich, fühlte sich im

allgemeinen recht wohl und pries das Glück, nicht in dem rauhen Militärstaat Preußen leben zu müssen. Allerdings mußte dieses Glück erkauft werden mit dem Verzicht auf wirklich durchgreifende Erfolge. Fast nirgends entsprachen die Ergebnisse der Reformen dem Aufwand an gutem Willen. Neben dem der ganzen Zeit, auch im damaligen Preußen eigentümlichen Mangel an Energie wirkte darauf vor allem die Enge der Verhältnisse, das Fehlen der erforderlichen geistigen Kräfte und die geringe Entwicklung des Staatsbewußtseins gerade beim Beamtentum ein.
Den Zeitgenossen sind diese Schwächen der Kleinstaaterei kaum recht deutlich geworden. Vielmehr wurde allgemein die Mannigfaltigkeit des deutschen Staatslebens und das Vorhandensein „jener glücklichen Mittelgröße, bei welcher der Unterthan ebensosehr gewinnt als Ruhe und Freiheit des teutschen Staatensystems aufs neue dadurch gesichert wurde", immer wieder als ein ganz besonderer Vorzug der deutschen Verfassung gepriesen, sie tröstete die aufgeklärten Weltbürger über die mangelnde Geltung Deutschlands als politische Macht.
(**F. Hartung,** Deutsche Verfassungsgeschichte vom 15. Jahrhundert bis zur Gegenwart, 8. Aufl., 1964, S. 140 f.)

In (dieser) drückenden Enge erstickte die alte Tüchtigkeit des deutschen Fürstentums. Es folgte seit dem letzten Drittel des 17. Jahrhunderts dem sehr viel weltlicher werdenden Geiste der Zeit, das Gefühl der Verantwortlichkeit gegen Gott und der Verpflichtung gegen das Volk starb ab; und da diesen Fürsten in ihren kleinen Staaten keine politischen Aufgaben großen Stiles gestellt waren, so erblickten sie ihre Aufgabe vor allem darin, den „Lustre" und die „Splendeur" der eigenen Persönlichkeit der hochfürstlichen Dynastie möglichst zu pflegen. Unter dem Einfluß französischer Bildung, des französischen Hoflebens, von dem sie meist

nur die Außenseite kennenlernten, glaubten sie den Glanz des fürstlichen Hauses nicht besser erhöhen zu können, als wenn sie Maitressen hielten, große Jagden veranstalteten, Schlösser bauten und ein stehendes Heer aufstellten. Soweit die Kosten nicht durch französische Pensionen oder durch die Vermietung der Truppen an fremde Mächte, den berüchtigten Soldatenhandel, gedeckt wurden, mußte das Volk sie tragen. Es sind die Fürsten, über die Friedrich der Große schon als Kronprinz im Antimachiavell seinen ganzen Spott ausgegossen hat.
Wenn auch diese Fürsten uns viele reizvolle Bauten hinterlassen haben und wenn auch mancher von diesem Serenissimustypus abwich und ein mildes und behagliches patriarchalisches Regiment führte, so ändert das doch nichts an dem Gesamturteil: es ist das Verhängnis der deutschen Kleinstaaten geworden, daß ihre Fürsten seit dem Ende des 17. Jahrhunderts kein anderes Ziel mehr hatten, als an äußerem Glanz mit den großen Fürstenhöfen bis hinauf zu dem Ludwigs XIV. zu wetteifern, ohne doch die Mittel dazu zu haben. Charakteristisch für diese Tendenz ist der gemeinsame Beschluß der altfürstlichen Häuser (sächsische Herzöge, Pfalzgraf von Sulzbach, Braunschweig, Württemberg, Ansbach, Bayreuth, Baden u. a.) vom Jahre 1700, die gleichen Chargen und Titel einzuführen wie die Kurfürsten, also den Premierministern und den Wirklichen Geheimen Räten – den Kanzlern und den Hofräten des 16. Jahrhunderts – das Prädikat Exzellenz zu geben und die Kammerjunker zu Kammerherrn zu ernennen, eine Neuerung, bei der noch als besonders vorteilhaft der Umstand hervorgehoben wurde, daß sie „keine weitere Spesen oder Unkosten verursache". Je kleiner ein Fürstentum war, desto grotesker wirkte natürlich diese Nachahmung der Großen, desto schwerer lastete sie aber auch auf dem Lande, und desto leichter artete sie in grobe Rechtsverletzung gegenüber den Untertanen aus. Die Kabinettsjustiz griff mit ihren Machtsprüchen

unbedenklich auch in die Privatrechte ein. Sie war in der Form freilich nichts Neues, sonder der alte, von der Theorie gebilligte, in der Praxis allgemein geübte Brauch des 16. Jahrhunderts, daß zum Ausgleich von Härten und zur Vermeidung der Umständlichkeiten der ordentlichen Gerichte der Fürst durch seine Räte auch in privatrechtlichen Streitigkeiten Bescheide erteilte; aber sie wurde zum Mißbrauch durch den veränderten Geist des Fürstentums, durch den Mangel an Pflichtbewußtsein.
(**F. Hartung,** a. a. O., S. 131 f.)

Denn dem äußeren Aufschwung des höfischen Lebens entsprach die wirtschaftliche Lage der Länder keineswegs. Und weder die Fürsten noch die Beamten hatten Verständnis oder Neigung zu gründlicher und zäher politischer Arbeit.
(**F. Hartung,** a. a. O., S. 132)

Die Höfe saugten das deutsche Land auch in einem tieferen Sinne aus. Alles was gescheit und hübsch war, wurde in den Kreis des Hoflebens hineingerissen, mancher Lakai endete als Geheimsekretär oder gar Minister; die Geliebte eines Hofmannes oder gar des Fürsten selbst zu werden, bedeutete nicht nur ein üppiges Leben, sondern auch Einfluß, Macht, Rangerhöhung. Die Nähe des Fürsten übte einen unwiderstehlichen Zauber aus, man gehörte eben zu ihm, oder man zählte überhaupt nicht. Jeder ordentliche Beamte, jeder tüchtige Offizier sah als höchstes Ziel der Laufbahn die Erhebung in den Adelsstand vor sich. Mit den Hofstellen und Orden waren oft Pensionen verbunden, die Ungnade des Fürsten bedeutete meist den wirtschaftlichen Ruin, deshalb empfand jeder Erfolgreiche das Bedürfnis, das moralische Recht, ja die Pflicht gegenüber seiner Familie, sich zu versorgen. Stellen- und Pfründenjägerei machte das Leben an diesen Höfen abenteuerlich und für viele reizvoll. Von der Hauptmasse des deut-

schen Volkes hob sich mehr und mehr diese Hofgesellschaft ab, sie stellte eine besondere, soziologisch scharf geprägte Schicht dar, sie nahm Bildung, Schliff, Weltläufigkeit, Kenntnis des Auslandes, Kunstgeschmack für sich in Anspruch, sie gewöhnte sich daran, über den Bürger die Nase zu rümpfen. Bürgerlich wurde die Bezeichnung für etwas Minderwertiges.
(**V. Valentin,** Deutsche Geschichte, 1960, S. 311 f.)

In Frankreich gab es nur *einen* Hof, diese Verhältnisse behielten hier etwas national Großartiges. Wenn sich nun jeder kleine deutsche Potentat sein Versailles schuf, den Theater- und Ballettharem eingeschlossen, wenn er seine Untertanenschaft aus den verschiedensten Landfetzen zusammenpreßte und zu einer künstlichen Einheit zusammenprügelte, wenn er sich eine Armee hielt, bei der ein General auf je 300 Mann kam, so konnte das Ergebnis nur die tragikomische Welt sein, wie sie sich als das deutsche höfische Wesen dem späteren Betrachter darstellt.
(**V. Valentin,** a. a. O., S. 312)

Schlösser, Museen, Bibliotheken, botanische Gärten entstanden weiter in Deutschland in einer Fülle wie nirgends sonst. Nach der Herkunft der Mittel durfte man freilich nicht fragen – Bauernschweiß, schlecht gelohnte Handarbeit, die dem kleinen Bürger abgepreßten Steuern und noch Schlimmeres steckten dahinter. Dies Schlimmere, das Allerschlimmste in der Tat, war der Soldatenhandel der deutschen Fürsten. Bayreuth und Braunschweig, Hessen-Kassel und Württemberg lieferten den Holländern und Engländern für deren Kolonialkriege deutsche Bauernjungen für gute, wenn auch nicht überreichliche Bezahlung. Auf solche Art nahm nun Deutschland an der Kolonialpolitik teil! Das Bündnisrecht der deutschen Kleinfürsten erreichte damit den Gipfel seines Widersinnes.
(**V. Valentin,** a. a. O., S. 347 f.)

II. A. 2. Stände und Standesgrenzen, ‚Mischehen'

Seit dem Ende des Mittelalters erscheinen als die drei nach ihrer rechtlichen, wirtschaftlichen und gesellschaftlichen Stellung voneinander streng geschiedenen Stände: der Adel, der Bürgerstand und der Bauernstand. Noch das 1794 in Kraft gesetzte ALR beruht auf dieser Scheidung, wie die Behandlung in drei gesonderten Titeln (Buch II, Titel 7: Vom Bauernstande; 8: Vom Bürgerstande; 9: Von Pflichten und Rechten des Adelsstandes) erweist.
(**Ed. Heilfron,** Deutsche Rechtsgeschichte, 5. Aufl., 1900, S. 120 f., ALR = Allgemeines Landrecht in Preußen)

Die Geburt entschied schon meist im absoluten Staate das Schicksal des Kindes. Wurde es in eine leibeigene Familie hineingeboren, so war es meist zur ewigen Fronarbeit auf der Scholle verurteilt. Der Sohn des Handwerkers hatte eine größere Ellbogenfreiheit als der des leibeigenen Landmannes, aber auch seine Lebenswege waren schon vielfach durch die Geburt fest umgrenzt. Jeder Stand nahm in der sozialen Stufenleiter des absoluten Staates eine bestimmte Sprosse ein. An diese mußte er fest und unlösbar geschmiedet werden. Der hohe und niedrige Adlige, der Voll-, Halb- und Viertelbauer, der Kaufmann, der Krämer und der Handwerker, sie alle hatten im absoluten Staate ein besonderes Ansehen und eine besondere Ehre. Der Schäfer und Hirt durfte oft nicht in die Rangstufe des ehrsamen Handwerkers aufrücken. Die Kinder der Schäfer und Hirten galten lange Zeit für „unehrlich", und vor ihnen schlossen sich deshalb die Türen der Zunftstuben.
(**P. Kampffmeyer,** Geschichte der Gesellschaftsklassen in Deutschland, 1910, S. 100 f.)

A. Der Adel: Der Adel trat als „erster Stand im Staat" (ALR. II, 9 § 1) den beiden anderen Ständen bevorzugt gegenüber. Nur

Adlige waren zum Besitze von Rittergütern (ALR. II, 9 § 37, vgl. unter § 81) und zur Ausübung der diesen zustehenden Vorrechte befugt. Sie genossen einen besonderen (eximierten) Gerichtsstand. (ALR II, 9 § 34) und hatten vielfach eigene Patrimonialgerichtsbarkeit (ALR II, 9 § 42).
Sie allein waren grundsätzlich lehnsfähig. Auch nachdem mit dem Aufkommen der stehenden Heere und des Staatsbeamtentums das Lehnswesen seine öffentlichrechtliche Bedeutung eingebüßt hatte, zeigte sich eine Erinnerung an die ursprüngliche alleinige Lehnsfähigkeit des Adels darin, daß fast nur Adlige zu den Offiziers- und den höheren Beamtenstellungen zugelassen wurden.
Hiernach war der Adel ein gegenüber den beiden anderen Ständen im öffentlichen und bürgerlichen Rechte bevorzugter, geschlossener Stand, und dies zeigte sich besonders darin, daß nur Adlige als einander ebenbürtig galten. Die Ebenbürtigkeit hatte zwar nicht mehr die vielfache Bedeutung wie im Mittelalter, vielmehr beschränkte sie sich wesentlich auf die Ehe. Hier hat sie sich aber bis in das 19. Jahrhundert erhalten. Noch im ALR II, §§ 30 ff. wurde die Ehe eines Adligen mit einer Person des Bauern- oder niederen Bürgerstands von gerichtlichem, nach Bewilligung der drei nächsten Verwandten zu erteilendem Dispens abhängig gemacht.
(**Ed. Heilfron,** a. a. O., S. 121)

Man unterschied in Deutschland von jeher den hohen und den niederen Adel. Zum hohen Adel gehörten alle jene Familien, die sich im Besitz der Reichsstandschaft befanden, d. h. deren Häupter Sitz und Stimme in den Kollegien des alten deutschen Reichstags hatten. Es waren dies die reichsunmittelbaren Fürsten, Grafen und „Herren", die nur dem Kaiser, aber keinem Landesfürsten unterstanden. Die Häupter der Familien des

hohen Adels besaßen also selber Landeshoheit über ein Territorium, mochte es auch ein noch so kleiner Besitz sein. Es gab zwar auch Reichsunmittelbare ohne Reichsstandschaft, die sogenannten Reichsritter, aber diese wurden dem hohen Adel nicht zugerechnet. Die Vorrechte des hohen Adels waren überwiegend politischer Natur, was sich aus ihrer landesherrlichen Stellung ergab. Sie hatten u. a. völlige Steuerfreiheit, konnten auch selbst Abgaben und Steuern in ihrem Territorium erheben, sie hatten eine ausgedehnte eigene Gerichtsbarkeit, ein eigenes Statutarrecht, besonders hohe Titel, Wappen und Ehrenrechte und ein feierliches Kanzleizeremoniell. Im Eherecht galt für sie unbedingt der Grundsatz der Ebenbürtigkeit; die Heirat eines Mannes des hohen Adels mit einer Dame des niederen Adels, von bürgerlichen ganz zu schweigen, galt als Mißheirat, die der Frau und den Kindern nicht den Rang und Stand des Mannes verschaffte und sie auch vermögensrechtlich benachteiligte.
(**C. Gebauer,** Geistige Strömungen und Sittlichkeit im 18. Jahrhundert, 1931, S. 220 f.)

Daß auch die Angehörigen des niederen Adels für alle Rechtssachen einen besonderen Gerichtsstand hatten, daß sie gewisse Steuerprivilegien, so die Befreiung von der Grundsteuer und von allen Lasten der Stadtbürger genossen, und daß den Landedelleuten die Patrimonialgerichtsbarkeit über ihre Hintersassen, die gutsherrliche Polizeigewalt und das Kirchenpatronat mit seinen Ehrenrechten zukam. Auch noch die sogenannte Siegelmäßigkeit, nämlich die ausschließliche Gleichstellung des adligen Privatsiegels mit den öffentlichen Siegeln sei als wichtiges Vorrecht erwähnt. Für die an sich zum niederen Adel gehörige Reichsritterschaft galt die bevorzugte Rechtsstellung noch in verstärktem Maße.
(**C. Gebauer,** a. a. O., S. 221 f.)

Auch für den niederen Adel gab es ein allerdings beschränkteres Recht der Ebenbürtigkeit. Zwar waren Ehen zwischen Adligen und Bürgerlichen an sich nicht unstandesgemäß, aber die Gesetzgebung trat ihnen doch entgegen, wenn es sich etwa um eine Ehe zwischen einem adligen Manne und einem Mädchen von niedriger Herkunft handelte und erkannte den aus einer solchen Ehe hervorgegangenen Kindern die Vorrechte des Adels ab. Auch in Preußen hat noch das Allgemeine Landrecht von 1794 die Ehe eines adligen Mannes mit einer „Weibsperson aus dem Bauern- oder geringeren Bürgerstande" sogar für nichtig erklärt, wenn nicht ein gültiger Dispens des Justizkollegiums und die Einwilligung dreier Verwandten des Mannes oder ein Patent des Landesherrn vorlag.
(**C. Gebauer,** a. a. O., S. 222)

Im Anhang zum Armeereglement von 1779 hat Friedrich der Große sich über Adel und Bürgerstand folgendermaßen geäußert: „Es ist nötiger, als man glaubt, die Aufmerksamkeit bei der Wahl der Offiziere auf Adlige zu wenden, weil der Adel gewöhnlich Ehre hat." Der König hat sich wiederholt zu der Ansicht bekannt, daß „Leute ohne Geburt" selten Verdienst oder Talent hätten, weil ein Adliger, der seine Ehre verliere, im väterlichen Hause keine Zuflucht mehr finde, wogegen ein Bürgerlicher, wenn er Gemeinheiten begangen habe, ohne Erröten das Gewerbe seines Vaters wieder ergreifen könne und sich dadurch nicht weiter entehrt glaube. Mit offenkundiger Ungerechtigkeit hat Friedrich bei der Tafel einmal erklärt: „Ich weiß nicht, woher es kommt, daß aus den bürgerlichen Offizieren, wenn ich sie auch zu Edelleuten mache, nichts Rechtes werden will."
(**C. Gebauer,** a. a. O., S. 226 f.)

Wenn aber einer der aufgeklärtesten Monarchen des 18. Jahrhunderts solche Ansichten hegte und aussprach, so kann es nicht

wundernehmen, daß das Selbstbewußtsein des Adels in schroffen Gegensatz zu dem allgemeinen Rechtsgefühl des Bürgertum und zu dem geschichtlichen Urteil späterer Zeiten geriet. Nicht nur der höfische Adel, sondern auch der nichthöfische in Stadt und Land gefiel sich darin, den Abstand vom „Pöbel", von der „Canaille" bei jeder Gelegenheit hervorzukehren. Diese Adelsüberhebung wirkte um so beleidigender, je weniger sie den allgemeinen Bildungsverhältnissen der Stände entsprach, denn die Bildung des Bürgertums hatte seit dem zweiten Viertel des 18. Jahrhunderts an Weite und Tiefe jene des Adels ganz erheblich überflügelt, und nur noch in den geselligen Formen gebührte dem in der Schule der französischen Hofkultur erzogenen Adel einstweilen der Vorrang.
(**C. Gebauer,** a. a. O., S. 227)

B. Der Bürgerstand. Mit der Entwicklung der Städte schieben sich deren Angehörige, die Bürger, als ein durch den Wohnsitz gekennzeichneter, beruflich (Kaufleute und Handwerker) und rechtlich besonderer Stand freier Leute zwischen die ritterbürtigen und nach Landrecht lebenden Adligen und die mindestens dringlich, vielfach aber auch persönlich abhängigen und dem Hofrecht unterworfenen Bauern ein. Wie kein Bürger ein Rittergut erwerben konnte, so durfte auch kein Adliger oder Bauer ohne besondere staatliche Genehmigung einer „bürgerlichen Nahrung" sich zuwenden. Ja nach ALR II, 9 § 81 ging der Adel verloren, wenn ein Adliger sich in eine Zunft einschlich und bürgerliche Gewerbe betrieb.
Unter den Städtebewohnern wird partikularrechtlich zwischen dem höheren und dem niederen Bürgerstand unterschieden. Zum höheren Bürgerstande werden regelmäßig gerechnet: der städtische Adel (die Patrizier), die höheren Beamten und die

Großkaufleute. In einzelnen Beziehungen (Ebenbürtigkeit, Exemtion von der städtischen Gerichtsbarkeit) wird der höhere Bürgerstand mit dem niederen Adel zu einem „höheren Stande“ (Schriftsässige) verbunden und den „niederen Ständen“ (niederer Bürgerstand, d. h. Kleinkaufleute, Handwerker, Arbeiter und Bauernstand, „Amtssässige“) gegenübergestellt.
(**Ed. Heilfron,** a. a. O., S. 125 f.)

C. Der Bauernstand. Der Bauernstand umfaßte alle nicht adligen, Landwirtschaft treibenden Bewohner des platten Landes (ALR II, 7 § 1). Das gemeinsame Merkmal dieses Stands war also der Wohnsitz auf dem platten Lande, die Nichtzugehörigkeit zum Adel und der gleiche Beruf. Im übrigen fanden sich aber in diesem Stande ganz verschiedenartige Bestandteile vereinigt. Diese Verschiedenartigkeit zeigt sich in zwei Richtungen: in dem Maße der persönlichen Abhängigkeit und in der Art des Grundbesitzes. In persönlicher Beziehung setzt sich der Stand der Landbewohner aus Vollfreien, Halbfreien und Unfreien, in dinglicher aus Eigentümern, Untereigentümern und bloß dinglich berechtigten zusammen.
(**Ed. Heilfron,** a. a. O., S. 126)

Während der Bürger aber mehr unter der gesellschaftlichen Überhebung des Adels zu leiden hatte, war der vom Landadel abhängige Bauer oft geradezu schrankenloser Willkür preisgegeben. Die deutschen Fürsten des 18. Jahrhunderts haben die Ausbeutung der Bauern durch die adligen Grundherren leider nicht genügend verhindert, denn ihre souveräne Stellung beruhte zum großen Teil auf Kompromissen mit dem Adel ihres Territoriums.
(**C. Gebauer,** a. a. O., S. 222)

II. A. 3. Lebensauffassung und Lebensführung im Adel und bei Hofe

Die Ethik des Rokoko fand ihren besonders zugespitzten Ausdruck in der Äußerung des neapolitanischen, ganz in Paris heimisch gewordenen Abbés, Staatsmannes und Gelehrten Galiani (1728 – 1787) zu der Madame d'Epinay: „Wenn uns die Tugendhaftigkeit nicht glücklich macht, wozu zum Teufel ist sie da! Ich rate Ihnen, haben Sie so viel Tugend, als gut ist für Ihr Behagen und Ihre Bequemlichkeit, nicht mehr. – Und kein Heroismus! Ich bitte Sie, es tötet mich und langweilt mich bis zum Sterben."
(**C. Gebauer,** Geistige Strömungen und Sittlichkeit im 18. Jahrhundert, 1931, S. 38 f.)

Gottlieb Wilhelm Rabener hat in seinen Satiren (1751 – 1755) geschildert, wie auch im niederen Adel das Unrecht unter dem Schein des Rechts sein Wesen trieb. Er geißelt Adlige, die unter Mißbrauch ihrer Patronatsgewalt ihre Mätresse zur Pfarrerin machen oder die Richter bestechen, oder über welche die Bauern wegen harter Bedrückung und unmäßiger Belastung klagen. Er geißelt Junker, die auf Kavalierehrenwort borgen, aber ihre Schuld nicht zahlen, und ähnliches mehr. Überall, besonders an den Höfen, gab es adlige Nichtstuer und Glücksritter, die es wenig genau mit den einfachsten Grundsätzen landläufiger Moral nahmen, wenn sie in amtliche oder geschäftliche Berührung mit Personen des verachteten Bürgerstandes gerieten.
(**C. Gebauer,** a. a. O., S. 223)

Der Gestaltung und Pflege des äußeren Menschen widmete man peinlichste Sorgfalt, das Modische, Stutzerische war kategorische Forderung, wie sie übrigens schon die dem Dreißigjährigen Kriege folgende Alamodezeit aufgestellt hatte, in der zum erstenmal die hohe Scheidemauer zwischen den neumodischen und den „altfränkischen" Leuten aufgerichtet wurde. Das Kostüm beider Geschlechter war spielerisch, geziert und bei den Wohlhabenden luxuriös, durchaus auf das Augenfällige berechnet, nicht ohne graziöse Wirkung. Sogar den Pfarrfrauen wurde gelegentlich nachgesagt, daß sie sich zu kostbar kleideten und die Edelfrauen im Putz zuweilen überträfen. Man gebrauchte Wohlgerüche, Schminken und Salben.

Die weibliche Welt zeigte gern in verschwenderischer Weise die Reize des Busens, während der Körper von der eingeschnürten Taille abwärts in den ganz ungeheuerlichen Reifrock eingezwängt war. Um die Weiße der Haut stärker zu betonen, bedeckten hier und da Schönheitspflästerchen in Gestalt von Kreisen, Monden, Sternen und geflügelten Liebesgöttern Wange, Hals und Brust. Die Männer vornehmen Standes trugen Röcke in zarten bunten Farben, zierliche Jabots und Ärmelvorstöße von feinem Spitzwerk. Weißer Puder bedeckte bei Mann und Weib das sorgfältig frisierte Haar oder die Perücke.

Dagegen wurde das Seelische arg vernachlässigt. Amüsement war in den höheren Kreisen die Losung des Tages, Lebensfreude, Genuß um jeden Preis. Ihnen war das Verständnis für den erzieherischen Wert der redlichen Arbeit noch nicht aufgegangen. Die praktische Handarbeit wurde ganz mißachtet. Ein fieberhafter Drang nach Zerstreuung belebte besonders die Frauen und gab ihnen oft das Gepräge der Unrast.

(**C. Gebauer,** a. a. O., S. 39 f)

Als weitere bedenkliche Folgen zeigten sich Geldgier, Schwindeleien, Glückrittertum, Unterschleife, Bestechung und Unsolidität des Handels und Wandels, die sämtlich in den Sittenschilderungen der zeitgenössischen Literatur häufig ausgemalt werden.

(**C. Gebauer,** a. a. O., S. 40)

„Kaum war Molsdorf fertig", heißt es in einer neueren Schilderung von Trinius, „so flogen Scharen lustiger Zechbrüder, schöner, nichts versagender Frauen herein. Ein Fest löste das andere ab. Unsummen von Geld wurden für Leckerbissen und gute Weine geopfert, Champagnergläser ohne Füße wurden für den Schloßherrn angefertigt, damit jeder Gast immer gleich sein Glas leeren mußte. Als jede grüne Erbse einen Groschen kostete, ließ er ein ganzes Gericht für seine Gäste auftragen. Pasteten öffneten sich, aus denen dann ein Zwerg trat, zierlich über die Festtafel tänzelte, um der Schönsten einen Strauß zu überreichen. Schmausereien, nächtliche Götterfeste, Jagden, öffentliche Feste für die Dorfbewohner wechselten." Aber dieser vom Glück verhätschelte Mann, dem Fürsten- und Frauengunst in reichem Maße blühten, auch zweimal in seinem Leben das große Los in den Schoß fiel, ist schließlich in Berlin verarmt und, von unbefriedigten Gläubigern heimgesucht, gestorben.
(**C. Gebauer,** a. a. O., S. 41 f.)

„Der König ist vergnügt, das Land erfreuet sich", dichtete um 1740 der angesehene Hofrat und Gelegenheitspoet Johann Valentin Pietsch in seinen „Helden- und Lobgedichten". Der Zeremonienmeister und Hofdichter v. Besser sagt in einer Lobschrift auf August den Starken, „Magnifizenz" sei einem Fürsten notwendig, da er der Statthalter Gottes sei, Gott aber seine Magnifizenz in allen seinen äußerlichen Werken zu erkennen gebe. Wie Gott sich mächtig erweise durch das Weltgebäude, durch die Sonne, Blitz und Donner, so müsse der Fürst in allen Äußerlichkeiten strahlen und glänzen. Waren im Volk solche Anschauungen lebendig, so ist es wohl erklärlich, daß der Prunk der Höfe sich ungescheut entfalten und schnell auf die vornehmen und wohlhabenden Kreise verbreiten konnte.
(**C. Gebauer,** a. a. O., S. 42)

Als die prunkvollsten Höfe Deutschlands aber sind in jener Zeit der sächsische unter dem Kurfürsten Friedrich August I., genannt August der Starke (1694 – 1733), und Friedrich August II. (1733 – 1763) und der württembergische unter den Herzögen Eberhard Ludwig (1677 – 1733) und Karl Eugen (1737 – 1793) bekannt. Hier hatte die Jagd nach Lebensgenuß leidenschaftliche Formen angenommen, hier folgten sich die höfischen Feste oft wochenlang fast ununterbrochen im buntesten Wechsel, so daß das Leben des Fürsten, seines Hofadels und selbst der Bürger, die man gnädig als Zuschauer bei den Vergnügungen zuließ, einem nicht enden wollenden Rausche glich. Bernhard v. Rohr widmet in seiner „Einleitung zur Zeremonialwissenschaft der großen Herren" (Berlin 1729) den höfischen „Divertissements" das ganze vierte Buch und nennt als solche:
Aufzüge, Turniere und andere Ritterspiele, Karussells, Ringelrennen und Roßballette, Konzerte, Tänze, Bälle, Ballette, Opern, Komödien, Karneval und Maskeraden, Wirtschaften (ländliche Feste, bei denen Fürst und Fürstin die Rolle bäuerlicher Gastgeber spielten), Bauernhochzeiten, Schäfereien, Schlittenfahrten, Illuminationen, Feuerwerk, Lustschießen, Lustjagden, Tierkämpfe, Fuchsprellen, Fischzüge, Schiffsfahrten, Winzerfeste und andere bäuerliche, zuweilen durch derbe Scherze gewürzte Lustbarkeiten. Die gegen die älteren Zeiten vor und nach dem Dreißigjährigen Kriege erheblich gesteigerte Eleganz der Feste des Rokoko war eine schlechte Entschädigung für die Not, die dem Volke durch die sich stets mehrende Steuerlast entstand. Besonders groß wurde der fürstliche Wahnwitz, wenn Liebschaften mit Mätressen den Vergnügungstaumel immer mehr anstachelten, wie es unter dem Einfluß der württembergischen Grävenitz und der wechselnden Buhlerinnen Augusts des Starken geschah. Alle Künste der im Punkte des Raffinements damals schon hochentwickelten Technik wurden dann aufgeboten, um

ein täuschendes Bild der Freuden des heidnischen Olymps als wirksamen Hintergrund für die Liebesabenteuer des Fürsten hervorzuzaubern.
(**C. Gebauer,** a. a. O., S. 43 f.)

Alles im Rokoko drehte sich um das Weib; in den Salons wurde das Thema Liebe in allen Variationen theoretisch und praktisch behandelt. Die Männer verrieten schon äußerlich durch ihre Tracht mit den zarten Farben, dem Spitzenüberfluß, den Rosetten, Bändern und Schnallenschuhen ihre feminine Richtung. Alle diese Zeichen der Zeit waren auch in Deutschland an den Höfen und in höfischen Kreisen zu bemerken. Zierlichkeit des gesellschaftlichen Auftretens wurde auch hier Gebot des feinen Tones an Stelle der früheren steifen Würde, die sich nur in den altehrbaren Kreisen des mittleren Bürgerstandes und im Kleinbürgertums erhielt.
(**C. Gebauer,** a. a. O., S. 45)

II. A. 4. Absolutismus in Württemberg, zur Regierung Herzog Karl Eugens

In Württemberg schienen nach Karl Alexanders Tod (s. S. 109) bessere Zeiten eingetreten zu sein; es dauerte aber nicht lange, so wurde das Land, trotz seiner Konstitution, wieder ebenso wie früher mißhandelt. Karl Alexander hatte einen erst neun Jahre alten Sohn, Karl Eugen, hinterlassen, und während der Minderjährigkeit desselben (1737 – 1744) genoß Württemberg unter der Verwaltung eines sogenannten geheimen Rates einer besseren Regierung, als man von diesem steifen Kollegium und von dem aristokratischen Ständeausschuß, welche beide immer vorzugsweise für sich und die ihrigen sorgten, hätte erwarten sollen. Der berühmte Mathematiker und Philosoph Bilfinger und sein Kollege Zech leiteten die Regierung auf lobenswerte Weise, und August von Hardenberg verwaltete die öffentlichen Gelder mit Sparsamkeit und Uneigennützigkeit. Dagegen läßt sich von den Ständen, welche um jene Zeit den frommen Johann Jakob Moser zu ihrem Konsulenten beriefen, nicht viel Vorteilhaftes sagen. Sie waren, wie Moser selbst in seiner Lebensgeschichte bezeugt, bloß darauf bedacht, die alten Mißbräuche zu erhalten und ihre Anverwandten auf Kosten des Landes zu versorgen. Unter diesen Umständen durfte in einem Lande, wo Fürst und Regierung an eine Konstitution gebunden waren, weder an Freimütigkeit, noch an Pressefreiheit, noch auch an eine Teilnahme des Volkes an seinen eigenen Angelegenheiten gedacht werden. Tiefes Geheimnis deckte die Verhandlungen der Regierung und der Stände. Den Zeitungen wurde jeder Bericht interessanter Tatsachen, jede Bemerkung gestrichen; sie durften von nichts anderem reden, als von den Festen und Reisen großer Herren oder von den barbarischen Strafen, welche die Justiz über arme Sünder verhängte. Ein Kabinets-Befehl des fürstlichen Administrators, welcher an der Spitze der vormundschaftlichen Regierung stand, gebot den Untertanen sogar ein respectuöses Andenken an den hochseligen Herzog, untersagte jedes tadelnde Wort über die herzogliche Familie im Privatgespräche, und schrieb vor, „daß alle Unterthanen in ihrem Gebete über Höchstdieselbige alles Hochfürstliche Wohlergehen eifrig erbitten sollten". Wie es mit der Gerechtigkeitspflege in Deutschland aussah, kann man aus den Prozessen erkennen, welche nach Karl Alexanders Tod gegen den Juden Süß und die übrigen Leute, die ihn mißbraucht hatten, geführt wurden. Wer Freunde und Verbindungen hatte, schlüpfte durch; der genannte Jude dagegen ward mit niedriger Rachgier zuerst in einem eisernen Käfig der Verspottung des Volkes preisgegeben und dann auf grausame Weise hingerichtet.

Die Erziehung des jungen Herzogs wurde hauptsächlich von seiner Mutter, einer Prinzessin von Thurn und Taxis, geleitet. Leider war aber diese Frau so gelehrt, daß sie sogar einst in Tübingen bei einer öffentlichen Disputation den Opponenten machte und, wie es in einem gleichzeitigen Bericht heißt, deshalb von dem ganzen ansehnlichen Auditorium angestaunt und als ein Wunder ihrer Zeit verehrt wurde. Dieselbe gelehrte Frau ließ für die Lehrer des Prinzen eine Instruktion aufsetzen, aus der man ersehen kann, wie damals deutsche Fürsten erzogen wurden. Der Prinz sollte nach französischer Manier in französischer Sprache erzogen werden; vom Latein heißt es, er habe zwar einst nöthig, einige Ausdrücke zu verstehen, Grammatik aber brauche er nicht zu lernen, es genüge, daß er eine nicht schwere Abhandlung oder Schrift, wie z. B. das neue Testament, verstehen und erklären könne usw. Übrigens wurde Karl Eugen auf Betreiben Bilfingers in seinem fünfzehnten Jahre nach Berlin geschickt und blieb drei Jahre daselbst. Er hätte, da es ihm an Geist nicht fehlte, bei Friedrich dem Großen, der ihm nachher auch eine vortreffliche Instruktion nach Stuttgart mitgab, viel lernen können; allein er wollte, als er 1744 die Regierung angetreten hatte, sogleich eine Rolle spielen, ließ sich deshalb durch seine Umgebung an die Franzosen verkaufen, fing seine Regierungstätigkeit mit Hardenbergs Entlassung und mit Liebschaften an, und ward ein Verschwender und Tyrann."
(**F. C. Schlosser's** Weltgeschichte für das deutsche Volk, 16. Bd., 1854, S. 268 f.)

Es unterliegt keinem Zweifel, daß dieses absolutistische Streben, die Berufung auf die veränderte Zeit, auf die Salus publica, die ein Abweichen von dem Buchstaben der alten Verträge erfordere, berechtigt war; die Landschaft vertrat mit ihrem engherzigen und kleinlichen Festhalten an ihren Vorrechten nicht das Interesse des

ganzen Landes, sondern nur das einer bürgerlichen Oligarchie. Auch waren viele, namentlich volkswirtschaftliche Anordnungen der Herzöge der Landeswohlfahrt sicherlich vorteilhafter als die Beachtung des alten Brauchs. Und doch fehlte dieser fürstlichen Willkürherrschaft, die nicht bloß die Rechte und das Vermögen der landständischen Korporation verletzte, sondern auch in Privatrechte der einzelnen Untertanen rücksichtslos eingriff, die Rechtfertigung durch einen höheren Staatszweck. Das dem französischen Absolutismus nachgesprochene Wort Karl Eugens, „das Vaterland bin ich", drückt wirklich die Gesinnungen des Herzogs aus; das persönliche Interesse, ja, die Launen des Herzogs und seiner Maitressen gaben nur allzuoft den Ausschlag, das Jagdvergnügen Serenissimi war wichtiger als das Gedeihen der Landwirtschaft, die drückende Militärlast diente nur zur Befriedigung einer fürstlichen Liebhaberei, bedeutet für den Staat nichts.
(**F. Hartung,** Deutsche Verfassungsgeschichte, a. a. O., S. 134)

Ein Karl von Württemberg hielt sich die ersten Schauspieler Europas, er ließ Feuerwerke in die Luft gehen, die eine Tonne Goldes kosteten, und verloste bei Hoffestlichkeiten die kostbarsten Geschenke unter seine Gäste. Seine übermütige Verschwendungslust verlockte ihn, Seen auf Bergen anzulegen. Er veranstaltete Schlittenfahrten auf einer Schneedecke, zu der aus meilenweiter Entfernung der Schnee herbeigeschafft werden mußte. Bei großen Festlichkeiten sprudelten die Fontänen Wein für die Menge.
(**P. Kampffmeyer,** Geschichte der Gesellschaftsklassen in Deutschland, 1910, S. 113)

II. B. Das Kleinbürgertum

II. B. 1. Lebensweise und allgemeine Lebenshaltung

Gegen jede hingebende Tat erhob sich die Armseligkeit dieses Lebens. Diese zwang dem Kleinbürger, wollte er seine dürftige Existenz nicht gefährden, eine gewisse Kälte und Gleichgültigkeit gegen seine Mitmenschen auf.
Er mußte sparsam sein, um sich und seine Familie durchzubringen, daher haftet ihm häufig eine ausgesprochene Knickrigkeit an. Das mühsam pfennigweise erworbene Gut verleitete ihn zur Pfennigfuchserei. Eine rein menschlich schöne Geselligkeit schließt ebenfalls die Dürftigkeit dieses Lebens aus; denn diese Geselligkeit ist ja mit verhältnismäßig großen Kosten verknüpft. Nur Eingezogenheit und Sparsamkeit sichern dem Kleinbürger seine Existenz. Im allgemeinen war „das deutsche Familienleben des 18. Jahrhunderts", so sagen wir mit Karl Hettner, „arm und öde, reizlos und philisterhaft oder kannte Gemüt und Phantasie nur in der kläglichen Verzerrung eitler Empfindelei und Selbstüberhebung".
Keine entschiedene Opposition reckte sich in den verspießerten kleinbürgerlichen Kreisen gegen den fürstlichen Absolutismus empor.
(**P. Kampffmeyer,** Geschichte der Gesellschaftsklassen in Deutschland, 1910, S. 109)

Das Leben des mittleren und kleinen Bürgers verlief im 18. Jahrhundert noch in sehr einfachen geregelten Bahnen. Der Haushalt war in Stadt und Land sehr bescheiden. Nur bei den seltenen festlichen Anlässen – wie sehr hatten doch Vergnügungssucht und

Wohlleben in diesen Kreisen seit dem Dreißigjährigen Krieg abgenommen –, bei Hochzeiten, Taufen und ähnlichen Familienfesten, wohl auch an den kirchlichen Feiertagen zeigte, wer es konnte, seinen Wohlstand. Aber die Grenzen blieben eng. Eine strenge Ordnung bestimmte das ganze Leben in und außer dem Hause bis hinab zu den Komplimenten und den Trinkgeldern. Fest bestimmt waren sogar die Tage, an denen man zur Ader ließ, seine Rechnungen bezahlte, seine Besuche machte. Auch die Speisen und die Zerstreuungen standen fest für alle Feiertage des Jahres. Dasselbe Hausgerät schmückte die Wohnung oft für mehrere Geschlechter. Dieses feste Gefüge bürgerlicher Sitte hatte in jenen Zeiten, da das Individuum noch nicht zu innerer sittlicher Freiheit sich durchgerungen hatte und noch mehr unter dem Zwange der Gemeinschaft stand als heute, seine nicht zu unterschätzende ethische Bedeutung. In diesen Kreisen blieb auch die Geselligkeit bescheiden, und vom Kleiderluxus hielt man sich im allgemeinen fern. Die Hauszucht gegenüber Kindern und Dienstboten, Lehrlingen und Gesellen war oft sehr hart; erbarmungslose Prügel erhielten selbst Mädchen oft für ganz kleine Versehen. (**C. Gebauer,** a. a. O., S. 60 f)

Die Obrigkeiten haben in den Schulerlassen des 16., 17. und 18. Jahrhunderts stets betont, daß auf Gottesfurcht, christliche Zucht, gute Sitte, Anstand und Höflichkeit der Kinder Wert zu legen sei, und haben hierdurch die Grundlagen bürgerlicher Ehrbarkeit zu erhalten gesucht.

Größte Ehrerbietung verlangten nach den Zeugnissen der Familienbriefe jener Jahrhunderte die bürgerlichen Eltern von ihren Kindern, welche sie nur mit dem förmlichen „Sie" anzureden hatten. Die Auswüchse kindlicher Aufsässigkeit, die gegen das Ende des 18. Jahrhunderts mit den mißverstandenen Ideen der Französischen Revolution hier und da aufkamen, haben in soliden

Bürgerkreisen zum Segen der moralischen Entwicklung strenge Verurteilung gefunden.
(**C. Gebauer,** a. a. O., S. 61)

Der Kleinbürger Deutschlands hatte nicht den geringsten Einfluß auf die Gestaltung des politischen Lebens. Eine Öffentlichkeit in unserem Sinne gab es nicht. Noch hielten nicht Zeitungen und Flugschriften mit ihren scharf leidenschaftlichen Parteimeinungen den Kleinbürger in Atem. Und dann empfand der Kleinbürger auch gar kein Bedürfnis nach einer Auseinandersetzung mit den staatsabsolutischen Grundsätzen, gegen die wir uns heute so leidenschaftlich auflehnen. Wir leben eben heute in einer Welt mit wesentlich anderen Rechtsanschauungen als das 18. Jahrhundert.
Die gekrönten Despoten des 18. Jahrhunderts hätten es für eine Beleidigung ihrer Majestät und für einen Frevel gegen die Gottesordnung gehalten, wenn man an ihre Taten den gleichen rechtlichen Maßstab angelegt hätte wie an die Handlungen der gewöhnlichen Menschen. Sie waren ja die gottbegnadeten Herrscher, über die kein Sterblicher zu richten hatte. Von Gott selbst hatten sie Land und Leute zum Eigentum erhalten, und daher sahen sie in ihrem willkürlichen Schalten und Walten über ihre Untertanen kein Unrecht.
Der regierende Fürst und Bischof von Speier sprach gewiß der Mehrzahl seiner Standesgenossen aus dem Herzen, als er im Jahre 1785 in einer Art Katechismus für das Volk folgenden Satz drucken ließ: „Untertanen sollen sich wie die Diener verhalten, weil der Landesfürst ihr Herr ist und sowohl über unser Leben, als über unsere Güter die Gewalt hat." In den Köpfen der Menschen des 18. Jahrhunderts hatte sich die damalige Staats- und Gesellschaftsordnung so eingelebt, daß sie diese für rechtmäßig

und vernünftig hielten. In ihren Augen hatte die Gottheit die Menschen aus verschiedenen Stoffen geknetet, sie hatte eine unverwischbare Rangordnung unter den Sterblichen geschaffen. Das moderne Gefühl der Rechtsgleichheit, das sich in uns mit solcher durchschlagenden Kraft und mit einer solchen Sicherheit bestätigt, als bestände es schon ewig, dies Gefühl kannte der Durchschnittsmensch des 18. Jahrhunderts nicht.
(**P. Kampffmeyer,** a. a. O., S. 116 f)

Den beherrschten Volkskreisen konnte der Pfarrer Ewald in seiner Schrift „Ueber Volksaufklärung" noch einschärfen: „Gott will, daß ich meiner Obrigkeit gehorche und ihr die Abgaben entrichte, die sie mir auferlegt. Ich sündige gegen Gott, wenn ich das nicht tue, denn die Obrigkeit steht nicht von ungefähr an der Stelle, sondern Gott hat sie dahin gesetzt. Glaub' ich, daß mir unrecht geschehe, so mag ich's ihr vorstellen, sie um Gerechtigkeit, um Erleichterung meiner Last, um Gnade bitten, . . . aber ich muß mich dem unterwerfen, was die Obrigkeit spricht. Das ist wahre Christuslehre über diesen Punkt und die einzige Aufklärung über seine Rechte, die das Volk bedarf."
(**P. Kampffmeyer,** a. a. O., S. 112)

Ein starker Konservativismus, Anhänglichkeit an das Althergebrachte, Sitte und Anstand, Patriarchalismus und viel Pedanterie, außerdem noch häufig strenge Kirchlichkeit und Religiösität, die erst allmählich unter dem Einflusse der Aufklärung freigeistigen Ideen Platz machte, waren die Hauptkennzeichen der bürgerlichen Ehrbarkeit, auf die dann die große bürgerliche Sittenreform des 18. Jahrhunderts, die innere Erneuerung des deutschen Menschen jener Zeit, zurückgeht.
(**C. Gebauer,** a. a. O., S. 58 f)

Wilhelm Heinrich Riehl sagt in seinem bekannten Buch „Die bürgerliche Gesellschaft" (1851) mit Recht: „Der Bürgerstand der Perücken- und Zopfzeit erscheint freilich in keinem besonders vorteilhaften Lichte, wenn man ihn für sich allein betrachtet. Er hebt sich aber um so glänzender ab, sowie wir ihn mit der gleichzeitigen Gesunkenheit der höheren Stände zusammenhalten. Gerade in diesen trübseligen Tagen bewährte sich das konservative Element, welches namentlich dem kleineren Gewerbestand einwohnt. Er blieb wenigstens sittlich sich selber treu, während die Aristokratie in sittlicher Auflösung unterzugehen drohte. In entsagender, stiller Arbeit, im ehrenfesten, frommen Familienleben war und blieb der deutsche Handwerker damals national, ob ihm gleich das klare nationale Bewußtsein erloschen war. Sozial war er in selbiger Zeit fast die einzige erhaltende Macht im Staate, welche verhütete, daß die Gesellschaft nicht in sittlicher Fäulnis auseinanderfiel. Daß uns heute noch die Begriffe des Bürgerlichen und des Ehrbaren als sehr nahe verwandt, wohl gar als gleichbedeutend gelten, datiert von daher."
(**C. Gebauer,** a. a. O., S. 59)

Im Kleinbürgertum war der konservative Geist am schärfsten ausgeprägt. Doch weist es schließlich dieselben Züge auf, die **in gemilderter Form beim mittleren Bürgerstande** zu beobachten sind. Kurz vor der Wende des 18. Jahrhunderts freilich zeigte sich ein stärkerer Gegensatz zwischen beiden bürgerlichen Klassen, weil das mittlere gebildete Bürgertum sich inzwischen den philosophischen und literarischen Strömungen bereitwillig geöffnet hatte und daher den Ideen der neuen Zeit zugänglicher geworden war. Welche ethischen Kräfte damals noch in dem das Alte bewahrenden Kleinbürgertum schlummerten, ersieht man etwa aus folgender Schilderung in den Jahrbüchern der preußischen Mo-

narchie von 1798: „Bei der geringeren oder ärmeren Klasse des Bürgerstandes findet man noch am häufigsten Spuren der eigentlichen Nationalsitten, stille Betriebsamkeit, strenge Wirtlichkeit und Häuslichkeit, Anhänglichkeit an das, was der Vorfahr für gut erkannte, wo im Hause noch der schwerfällige Kleiderschrank vom Urgroßvater her, der massiv eichene große Familientisch noch nicht gegen das leichte Modemöbel, welches der leise Fußtritt eines Schoßhündchens erschüttert, vertauscht ist, wo die Hausmutter noch in großblumigem Damast sich geputzt wähnt und Sonntags den schwer silbernen Becher mit schäumendem Kottbusser dem Hausvater vorsetzt. Da schallt auch noch Sonntags zwischen elf und zwölf Uhr aus dem nahe an der Erde liegenden Hausgeschoß das alte ‚Lobet den Herrn, denn er ist sehr freundlich‘ des Meisters nach dem Genuß des Bratens, aus dem mit Vögeln und Blumen geschmückten Fenster. Da beten die gedrungenen Buben mit dem bunten Pelzmützchen in der Hand noch ihr ‚Es walt' Gott!‘ Da wird noch Vater und Mutter geehrt, und die silbernen Spitzknöpfe des Meisters sind noch nicht von dem zugrunderichtenden Luxus verströmt."
(**C. Gebauer,** a. a. O., S. 63 f)

II. B. 2. Die (klein)bürgerliche Familie

Von jeder politischen Betätigung war der „Untertan" im absoluten Staat ausgeschlossen. Die Stadtmauern und Werkstattwände begrenzten den Gesichtskreis des Kleinbürgers. Um das alltägliche Einerlei des Handwerks und der Familie drehte sich das Gespräch der Kleinbürger.
Die bürgerliche Familie der damaligen Zeit hatte einen streng patriarchalischen Charakter. Der Familienvater genoß ein unbegrenztes Ansehen. Der erste Schritt zur Begründung der Familie,

das Eingehen der Ehe, wurde mit einer ganzen Reihe zeremonieller Feierlichkeiten begangen. Die Ehe allein verlieh die Würdigkeit einer ehrlichen Geburt. Die außerhalb der Ehe erzeugten Kinder galten als unehrlich, ihnen war selbst der Eintritt in eine Zunft lange Zeit verschlossen.

In der Familie war der Hausvater der unumschränkte Herrscher. Mit „Sie" redete der Sohn den Vater an und im Briefstil nannte er ihn stets den „Herrn Vater". Von der Zustimmung des Vaters hingen alle wichtigen Familienbeschlüsse ab. Wollte der erwachsene Kleinbürger ein Mädchen freien, so holte er sich zu diesem wichtigen Schritte erst die Erlaubnis des Herrn Papa ein. Ein Verlöbnis unter vier Augen war selbst den unabhängigsten Brautleuten verboten, „und durch die Zuziehung wenigstens zweier Freunde als Zeugen mußte der Vorgang sein offizielles Gepräge erhalten". (Riehl: „Die Familie".)

In der Familie selbst kam nur in den seltensten Fällen ein ungezwungener Ton auf. Der Hausherr hielt es für seine Pflicht, seiner Frau mit großer Förmlichkeit zu begegnen. Das gute Hausmütterchen war ihrem Manne gegenüber ganz Ergebenheit und ganz Gehorsam. Uns sind aus dem vorigen Jahrhundert viele Züge erhalten, die schlagend beweisen, in welcher knechtischen Furcht vor ihrem Manne die Frau noch teilweise lebte.

„Meine Mutter", ruft Justinus Kerner in seiner Erinnerung an sein Jugendleben im Elternhause aus, „es war durch ihr ganzes Leben Demut und Gehorsam gegen ihren Eheherrn, ja selbst Furcht vor ihm, Hauptzug ihres Charakters. Sein Wille war ihr strenges Gebot, und ihr ganzes Dichten und Trachten ging nur dahin, ihn bei gutem Mute zu erhalten und alles Unangenehme von ihm zu entfernen." – Von der Gattin und den Kindern forderte Kaspar Schiller ehrfurchtsvollen Gehorsam.

Mit Eifersucht hielt der Hausherr auf die ihm gebührende Ehrfurcht, und er erheischte von den Seinigen das gleiche Verhalten,

das er in seiner Eigenschaft als Gutsherr, Beamter, Meister oder Offizier usw. von seinen Untergebenen gewöhnt war. Bezeichnenderweise spielen in den Schauspielen des 18. Jahrhunderts die Haustyrannen eine große Rolle.
(**P. Kampffmeyer,** a. a. O., S. 166 f)

„So gab es um 1616 in den Fürstentümern Ober- und Niederbayern strenge Vorschriften, die die Heirat junger Dienstboten verboten und eine solche überhaupt nur für diejenigen erlaubten, welche ihre Nahrung ohne jede Beschwerde für andere Bürger erwerben konnten. Im hessisch-darmstädtischen Gebiet wurde die Heiratserlaubnis (1749) vom vorherigen Dienst in der Miliz oder den Landbataillonen abhängig gemacht. Eine Verordnung der ehemaligen Reichsstadt Rottweil von 1782 bestimmte unter anderem: „Zweitens hat der um die Heiratserlaubnis Anhaltende nachzuweisen, ob und wie er sich zu ernähren imstande sei.' Scharfe Bestimmungen fanden sich im Herzogtum Württemberg, die z. B. in der Mitte des 18. Jahrhunderts die Heiratserlaubnis von der Erreichung des 25. Lebensjahres abhängig machten."
Diese Beschränkungen wurden im allgemeinen selbst in jenen Zeiten beibehalten, in denen man, wie zur Zeit der absoluten Fürsten, an einer „Peuplierung", Volkreichmachung, interessiert war. Hieraus ist zu ersehen, daß – wie oben schon einmal erwähnt – diese Bestrebungen immer auf dem Hintergrund des Gedanken standen, daß jeder, der heiratet, mit einer ausreichenden Nahrung ausgestattet sein muß.
(**K. M. Bolte,** Deutsche Gesellschaft im Wandel, 1967, S. 93)

II. B. 3. Eheschließungen, gesellschaftliche Behandlung der Liebe und gesellschaftliche Position der Frau im (Klein-) Bürgertum – im Gegensatz zum Adel

Das Liebesleben der bürgerlichen Klassen bewegte sich im 18. Jahrhundert in festen herkömmlichen Formen. Die Liebe wurde meist sehr hausbacken und nüchtern aufgefaßt. Beim Abschluß der Ehe fand die freie Liebeswahl nur wenig Berücksichtigung. Erst kommen die Güter, dann die Gemüter, dieses Wort galt noch als Regel- und Richtschnur für den Abschluß der meisten Ehen. Die Familienväter brachten nach genauer Abwägung der Vermögensverhältnisse die Ehe ihrer Kinder zustande. „Die Fälle", versichert Frau Gottsched in einem ihrer Briefe, „wo ein Vater oder eine Mutter ihren Kindern bei der Wahl ihres Berufes, der Bestimmung ihrer Studien oder Eingehung eines Herzensbündnisses eine Stimme einräumt, gehört zu den seltenen und werden als besondere Liberalität gerühmt."
Eine gewisse Förmlichkeit und Frostigkeit zeigte selbst das Liebesleben der bessergestellten kleinbürgerlichen Kreise. Ein Wust zeremonieller Redensarten schleppte sich selbst durch ihre Liebesbriefe. Warb ein Mann um die Hand einer Jungfrau, so schloß er seinen Brief mit den Worten: „Meiner schätzbarsten Jungfer Ergebenster Diener N. N." Die Jungfrau vergaß fast nie, ihrem Liebhaber, wenn er um ihre Hand anhielt, einzuschärfen, daß „solche Geschäfte von dem Rate und Gutachten deren Eltern abhängen".
(**P. Kampffmeyer,** a. a. O., S. 107 f.)

Dem strengen Ehrbarkeitsideal des Bürgertums entsprach die eigentümlich trockene Auffassung der Liebe und der seelischen Beziehungen der Geschlechter. Bis gegen die Mitte des 18. Jahrhunderts waren die Äußerungen des Liebesgefühls auf

einen gemessenen, ja kühlen Ton gestimmt.
In den Briefen der Viktoria Adelgunde Kulmus an ihren Bräutigam Gottsched drücken Äußerungen wie diese: „Wie angenehm sind Ihre Briefe, bester Freund", schon den höchsten Zärtlichkeitsgrad aus. Gottsched selbst urteilt in der Wochenschrift „Die vernünftigen Tadlerinnen" von 1725 sehr abfällig über Liebesbriefe. Sind diese nicht „auf die Ehe gerichtet", meint er, so sind sie unerlaubt, unchristlich und unvernünftig. Sind sie aber auf die Ehe gerichtet, so sollen sie sich wie jenes andere an ein Frauenzimmer gerichtete gleichgültige Schreiben durch muntere, sinnreiche Schreibart und „zärtliche" Ausdrücke auszeichnen, doch sollen sie nicht eigentlich verliebt sein.
„Ein verliebtes Schreiben wird bei Vernünftigen sehr wenig ausrichten." Von einem einträglichen Amt, einer gesegneten Nahrung, einem reichen Erbteil versprach man sich mehr Erfolg.
(**C. Gebauer,** a. a. O., S. 68 f.)

Obwohl auch im mittleren Bürgertum die Ehe meist das Ergebnis eines Rechenexempels war, galt es als anständig, den Schein der Neigungsehe zu wahren, wodurch sich freilich an der Sache selbst nicht viel änderte. Man erwartete, daß der auserwählte Bräutigam der Braut die „Cour" machte, ihre Neigung durch „Tugend" verdiente, das Mädchen aber dem Verlobten gegenüber ihre hausfraulichen Vorzüge hervorkehrte. Verpönt und wohl kaum zu finden war die sogenannte Liebe auf den ersten Blick.
(**C. Gebauer,** a. a. O., S. 70)

Schrankenloses Begehren um des Genusses willen, das Lebensideal der Hofkreise des Rokoko, wurde vom Bürgertum verworfen, weil es „Recht und Menschenliebe kränkt", wie es in dem genannten Gedicht heißt, und das Selbstgefühl vernichtet.

Noch am Ende des 18. Jahrhunderts, als ein Teil von Goethes „Römischen Elegien“ in Schillers „Horen“ erschien, verletzte dies die bürgerlichen Leserinnen, weil jene Gedichte nach ihrer Ansicht die Grenze des für ein Familienblatt Zulässigen an Erotik überschritten.
(**C. Gebauer, a. a. O., S. 71)**

Auch für die Zerrüttung des deutschen Ehelebens können wir eine Äußerung Friedrichs des Großen als typisch anführen: „Deshalb heirate ich als Galanthomme, d. h. ich lasse Madame machen, was ihr gutdünkt, und tue meinerseits, was mir gefällt. Es lebe die Freiheit!“ Eheliche Treue erschien vielen lächerlich, ebenso lächerlich aber auch der Ärger des betrogenen Ehemannes über galante Abenteuer seiner Gemahlin. Es hieß vielmehr in solchen Fällen die Kontenance bewahren. Ein Junker v. Kleist schrieb um 1751 ganz entrüstet an Gleim, daß der Prinz Heinrich von Preußen den Ehebruch seiner Gemahlin durch seine Scheidungsabsicht an die große Glocke bringen wollte. Der Ekel wäre doch in der Ehe ganz unausbringlich, und alle Männer und Frauen seien, „durch ihre Vorstellungen von anderen liebenswürdigen Vorwürfen necessitiert, untreu zu sein.“ Wie könnte also das bestraft werden (er meinte den Ehebruch), wozu man doch gezwungen wäre.
(**C. Gebauer,** a. a. O., S. 53)

Auf dem Gebiete der sexuellen Sitte hat sich der ehrbare Bürgergeist großer Zurückhaltung im Vergleich zu den emanzipatorischen Bestrebungen des Rokokoadels und später auch der „Genialen“ befleißigt. Damit hing aber auch die erheblich eingeengte Stellung des weiblichen Geschlechts in der bürgerlichen Familie zusammen. Die Bewegung der Frauen außerhalb des Hauses, in der Öffentlichkeit der Straße, war hier durch die gute Sitte eingeschränkt. Ohne „Kammermensch“, das heißt

ohne eine weibliche Bedienung, auf die Straße, in die Kirche oder in einen Laden zu gehen, galt für Frauen und Mädchen der besseren Bürgerklasse als unschicklich. Für Theater und Konzertsaal war Begleitung durch einen männlichen Familienangehörigen nötig. Väter, Gatten und Brüder besaßen ein weitgehendes Bestimmungsrecht gegenüber ihren weiblichen Anverwandten in allen möglichen Fragen des Lebens. Die häusliche Tätigkeit galt als dem Weibe allein angemessen, die Vorbereitung zu einer rechten christlichen Ehe, als der wichtigste Gegenstand der weiblichen Hauserziehung. Was Frauen und Töchter lesen durften oder lesen sollten, wurde als brennende Frage in den Wochenschriften und in der Buchliteratur immer wieder erörtert. Romanlektüre war wenigstens in der ersten Hälfte des 18. Jahrhunderts den Töchtern guter Bürgerhäuser so gut wie verboten, und der schlüpfrige Inhalt der galanten Romane jener Zeit konnte dies wohl auch einigermaßen rechtfertigen. Dagegen beanspructe die Erbauungsliteratur in der Bibliothek des „Frauenzimmers" immer noch einen breiten Raum.
Besonders die Schriften des protestantischen Theologen Johann Arndt (1555 – 1621), die „Vier Bücher vom wahren Christentum", das „Paradiesgärtlein aller christlichen Tugenden", die „Postille" und die „Auslegung des Katechismus Lutheri" erfreuten sich noch im 18. Jahrhundert großer Beliebtheit.
Überall, wo im 18. Jahrhundert das bürgerliche Selbstgefühl zur Kampfstimmung erstarkte, ist die strenge, unbeugsame Keuschheitsmoral und Tugend des Weibes zum Symbol der bürgerlichen Sittlichkeit erhoben worden, in der englischen Literatur, in Lessings „Emilia Galotti", schließlich noch in Ifflands Tendenzstücken. Mochten auch Fehltritte vorkommen, besonders in fürstlichen Residenzstädten, wo die Verführung vom Hofe ausging, so hat doch die bürgerliche Auffassung solche immer mit großer Strenge gebrandmarkt.
(**C. Gebauer**, a. a. O., S. 66 f.)

Die Hamburger Bürgerfrau sei ehrbar, sie ,,störe'' ihren Mann nicht, beschäftige sich mit ihrem Haushalt, weiblichen Arbeiten und so weiter.
(a. a. O., S. 67)

II. B. 4. Mögliche Bestrafungen von ,,gefallenen Mädchen'' und für die Geburt eines unehelichen Kindes im 18. Jahrhundert

Die öffentliche Abkanzelung und Abweisung vom Abendmahl wurden vorwiegend gegen die Verfehlungen der Kirchkinder angewendet. Zur Buße — mitunter gar in besonderem Bußgewande — saßen auf den Sünderbänkchen die Gott- und Pflichtvergessenen und ließen über sich die strengen Fragen der Pastoren ergehen und baten diese im Namen der Gemeinde um Verzeihung.
Die unehelich geborene Braut wurde von der Kanzel herunter als ,,Hurkind'' proklamiert. Bräute, die dem Priestersegen vorgegriffen hatten, wurden exkommuniziert, wenn Sie bei der Trauung einen Kranz zu tragen wagten. Man streute den ,,gefallenen'' Mädchen Häckerling auf den Weg und an den Kirchentüren mußten sie vielfach noch Kirchenbuße tun. Ihre Sünden wurden öffentlich bekanntgemacht, sie erhielten einen besonderen Bußplatz angewiesen.
(P. Kampffmeyer, a. a. O., S. 80)

Selbst der große Staatswirt Justus Möser legte noch in den ,,Patriotischen Phantasien'' seine gewichtige Stimme für die Kirchenbuße der gefallenen Mädchen ein. ,,Sie'' (die Kirchenbuße), sagt er einmal, ,,gereicht dem gefallenen und wieder aufstehenden Teile zu großer Ehre, stärkt die Schwachen, hält den Gleitenden,

beruhigt die Geärgerten, erfreut die Rechtschaffenen und tröstet die Betrübten."
(a. a. O., S. 81)

Im Zeitalter der absoluten Staatsknechtschaft ließ der Staat seine Untertanen niemals aus dem Auge; ja er wandte ihnen sogar seine gespannteste Aufmerksamkeit schon vor ihrer Geburt zu. Der künftige Weltbürger, der in einem unehelichen Liebesverhältnis erzeugt war, mußte schon im Mutterleibe der hohen Obrigkeit angezeigt werden. Das arme unehelich geschwängerte Mädchen hatte ihr schmerzliches Geheimnis dem vorlauten Vater Staat anzuvertrauen, wenn es nicht wegen „Verheimlichung der Schwangerschaft" das Zuchthaus betreten wollte. In einer Fürstlich Waldeck'schen Polizeiverordnung lesen wir folgende grausame Bestimmung über die Verheimlichung der Schwangerschaft: „Würde aber eine geschwähte Weibsperson diese Entdeckung ihrer Schwangerschaft, oder, wenn Sie diese auch offenbart hätte, dennoch die Herannahung der Geburt zu melden unterlassen, und ohne Beistand niederkommen, so soll diese dieserhalb allein, wenn schon das Kind am Leben bleibt, auf drey Jahr zum Zuchthaus, dafern das Kind aber kurz nach der Geburt verstorben oder todt auf die Welt gekommen, auf ewig und unabbittlich zum Zuchthaus verdammt sein, und keine Ausflucht der etwa zu frühen Niederkunft oder der übereilten Geburt ihr helfen, weil Sie ihre Schwangerschaft und herannahende Entbindung entdecken sollen, und wenn Sie bei der Geburt Hilfe gehabt hätte, das Kind wahrscheinlich gerettet sein würde."
Der Staat gebot den Müttern streng, nach den etwaigen Schwangerschaften ihrer Kinder zu forschen, den „Herrschaften" aber nach denen ihrer Dienstboten. Brachten die „Herrschaften" die der Schwangerschaft verdächtigten Mädchen zu keinem Geständnis, so mußten sie die Hilfe der Seelsorger anrufen. Waren

die erbaulichen Reden der Herren von der Geistlichkeit selbst erfolglos, so machte sich die Obrigkeit selbst an die Arbeit, um die Mädchen zu dem Bekenntnis ihres Zustandes zu nötigen. Blieben die Mädchen nun noch stumm, so wurden sie auf Geheiß des Staates von den Wehmüttern untersucht. Befanden die Hebammen die verstockten Mädchen schwangeren Leibes, so hatten die Schwangeren „eine dreimonatige Zuchtarbeit" zu gewärtigen. „Die Beamten und Magistrate", so heißt es in der Waldeck'schen Verordnung von 1780, „mögen erst in diesem Gange zur Herbeiholung (wohl Ausholung) einer Geschwängerten schreiten, und sollen künftig nicht mehr, wie es wohl geschehen ist, mit sofortiger Herbeiführung durch Schützen verfahren."
Lagen die unehelich geschwängerten Mädchen in Wehen, so mußten die Hebammen an sie die Fragen richten: „Von wem und an welchen Orten sie geschwähet waren, auch wo der Täter sich aufhalte." Eine Hebammenordnung von 1750 bestimmte: „Kommt es bey solchen Unehelichen nun zum gebähren, und die Bekenntnis ist noch nicht heraus, wer des Kindes Vater sey, so sollen sie mit Ernst in sie setzen und fragen, wer zum Kind Vater sey, mit andeuten, daß sie, bevor sie dieses wissen, gar nicht Hand anlegen dürfen."
(a. a. O., S. 99 f.)

II. C. Der Anbruch der „Neuen Zeit"

II. C. 1. Christliche Kritik an den Fürstenhöfen durch den Pietismus*

Der Pietismus legte grundsätzlich Wert auf die „praxis pietas", d. h. auf die Betätigung der Frömmigkeit in den Werken

* Der Pietismus war die protestantische Glaubensströmung, die bis ins 17. Jh. zurückreichte und vor allem in Württemberg viele Anhänger fand. Vgl. Königs Erläuterungen Bd. 28/28 a: **M. H. Ludwig**, Erläuterungen zu Friedrich Schiller „Die Räuber", S. 88 ff.

des täglichen Lebens. Wesenhaft war ihm die Heiligung des Tagewerkes, die aszetische Abkehr von der Welt und ihren Verlockungen, die Vermeidung aller weltlichen Vergnügungen, wie Tanz, Kartenspiel, Theaterbesuch, weltliche Lektüre und dergleichen. Die „Pia desideria" tadelten nachdrücklich das nur „nach dem Fleische eingerichtete" Leben der Weltleute, die lockeren Sitten der Höfe und vornehmen Kreise, die Rachgier und Prozeßsucht im Volke, die kärgliche Wohltätigkeit, die Trunkliebe, die Verderbnis des häuslichen Lebens, die herrschende Lieblosigkeit und andere Laster. Der Pietismus nötigte auch die Vornehmen, ein einfaches, sittenstrenges bürgerliches Leben zu führen, und seine Geistlichen hielten als Hofprediger den verweltlichten, sittenlosen Fürsten und Großen oft moralische Standreden, die dem abergläubischen Gemüt Furcht und Schrecken einjagten.
(**C. Gebauer**, a. a. O., S. 27 f.)

II. C. 2. Wahre Liebe und Neigungsehe — gebildete und literarische Kritik sowohl an ungezügelter Liebe bei Hofe wie an bürgerlichen Eheanbahnungen aus rein finanziellen Rücksichten. — „Emanzipation" der Liebesgefährtin.

Die Ehe wurde von den Sittenreformern als die Grundlage der menschlichen Gesellschaft erkannt. Sie war ihnen die vollständige und ausschließliche leibliche, geistige und ethische Lebensgemeinschaft zweier Gatten. Gegenseitige Liebe, Achtung und Hingabe soll die Gatten vereinigen. Die rechtliche Grundlage der Ehe bildet das Naturrecht, das die Gleichwertigkeit der Geschlechter verkündigt und die Ehe als Vertrag Gleichberechtigter auffaßt, der freilich wie jeder andere Vertrag unter bestimmten Voraussetzungen gelöst werden kann. Es

wurde betont, daß der Mann dieselbe Treue zu halten hätte wie die Frau, gemäß dem Prinzip der bürgerlichen Ehrbarkeit. Der Gefühlskultus läßt seit 1740 in der Betrachtung der Ehe immer mehr das Gemütvolle des ehelichen Zusammenlebens gegenüber dem rein praktischen Zweck der Kindererzeugung hervortreten. Im einzelnen kämpfte die Erziehungsarbeit gegen die galante Auffassung von Sexualität und Ehe, die alte bürgerliche Pedanterie in der Ehe, die Vernachlässigung des Neigungsmomentes und die geschäftsmäßige Ehestiftung. Die stärkere Betonung des Geistigen führt zur Forderung einer vertieften Bildung der Frauen. Die Eigenschaften der Gatten, die das eheliche Glück gewährleisten, wurden immer von neuem erörtert, auch die Vorzüge des Ehelebens vor dem ehelosen gepriesen, weil die Ehe zur ethischen Höherführung des Menschen bestimmt wäre. Auch aus allgemeinen Gründen erschien die Bildung des weiblichen Geschlechts seit Gottscheds „Tadlerinnen" den Reformern von großer Wichtigkeit für das Gedeihen von Haus und Gesellschaft. Nicht selten findet sich in den Wochenschriften eine sogenannte Frauenzimmerbibliothek, eine Zusammenstellung der wichtigsten und lesenswertesten Schriften philosophischen, religiösen und belletristischen Inhalts für Frauen und Mädchen. Für die weibliche Bildung zu sorgen, galt den Reformern als Gebot allgemeiner Menschlichkeit.
(**C. Gebauer**, a. a. O. S. 121 f.)

Aus diesen Wandlungen und Schwankungen des Gefühlslebens entwickelte sich eine Auffassung der Ehe, in der das Recht der Leidenschaft, aber auch das gesunde Empfinden und das Bedürfnis nach geistiger und seelischer Gemeinschaft stärker hervortrat. Die rührende Klageode des Freiherrn von Canitz auf den 1695 erfolgten Tod seiner Gattin Doris, in der die Trauer um die frühzeitige Zerstörung eines glücklichen Bundes ergrei-

fende Töne gewinnt, war ein ganz vereinzeltes Zeugnis tieferer Gemeinschaft in der Ehe geblieben. Der Subjektivismus der Zeit der Empfindsamkeit durchdrang nun den Alltag mit erhobener Seelenstimmung. Begünstigt wurde die Entwicklung durch die Verbreitung höherer literarischer und ästhetischer Bildung, welche die Interessengemeinschaft zwischen Mann und Weib seit der Mitte des 18. Jahrhunderts ganz wesentlich vertiefte. Die Frau wurde aus der gefügigen Dienerin und Haushälterin des Mannes in den gebildeten Kreisen die gleichberechtigte Gefährtin auch in geistiger Beziehung. Eine ganz neue Erscheinung war es, wie die „Beobachtungen in der literarischen Welt" von 1773 einmal sagen, daß der Ehegatte jetzt seiner Lebensgefährtin huldigen konnte, wie früher nicht einmal der Bräutigam seiner Braut.
(**C. Gebauer**, a. a. O., S. 78 f.)

Michael v. Loen spricht 1752 in seinem mehrfach erwähnten Buch vom Adel bereits von den Vorzügen, die der bürgerlichen Tugend über den großen Vorrang der Geburt zukäme. Er bezeichnet Tugend und Weisheit als den wahren Adel, ob er gleich nach den bürgerlichen Gesetzen und nach der Verfassung der Welt nicht das wirkliche Ansehen des Adels habe. **Die Tugend** brauche „weder Ahnen, noch imagines, noch Titel, noch einen pergamentern Brief."
(**C. Gebauer,** a. a. O., S. 237)

Der Sturm und Drang kämpfte wie die Sittenreform der Aufklärung für die Idee der persönlichen Freiheit des Individuums, nur um vieles radikaler, indem er, wie Korff sagt, sich nicht dem Vernunftgesetz unterwarf und nicht Selbstbeherrschung forderte, sondern Selbstauswirkung. Er eiferte gegen den Despotismus, der sich abschreckend an manchen deutschen Fürstenhöfen zeigte. Er

erhob zum ersten Male soziale Forderungen. Man denke nur an das wilde „Trinklied für Freie" von Voß (1774), an Lessings „Emilia Galotti" und Schillers „Kabale und Liebe". Er brandmarkte in anderen Gedichten von Voß die Junkerwirtschaft und die Leibeigenschaft auf dem Lande. In Schillers „Räubern" und Goethes „Götz von Berlichingen" zeigt sich sogar die Freude an dem edlen Verbrecher und dem bedenkenlosen Kampf des Starken mit einer vermeintlich verrotteten Gesellschaft. Der Widerstreit zwischen Stand und Liebe wird oft behandelt, so in Wagners „Reue nach der Tat", Lenzens „Hofmeister" und Schillers „Kabale und Liebe". Wie in diesen Punkten, so tritt auch in der Auffassung der Sexualität eine tiefgreifende Änderung der sittlichen Grundanschauung in der Sturm- und Drangzeit ein. Das Naturrecht der Liebe erringt sich seinen Platz gegenüber der gesellschaftlichen Legitimation, die gar nicht mehr erstrebt wird. Diese neue natürliche Sittlichkeit, die der konventionellen als die höhere gegenübergestellt wird, ist das Grundthema der Liebestragödie im „Faust" und im „Egmont" von Goethe, der die klassischen Frauengestalten Gretchen und Klärchen schuf. Auch die Gestalt der Kindesmörderin wird häufig dargestellt, dramatisch von Wagner und in Goethes „Faust", lyrisch von Schiller und in der Bürgerschen Ballade von der Pfarrerstochter zu Taubenhain.
(**C. Gebauer**, a. a. O., S. 87 f.)

II. C. 3. Die literarische Strömung des „Sturm und Drang"

Etwa im Jahre 1770 begann nun aber das deutsche Bürgertum angriffsweise gegen den Adel vorzugehen. Zunächst trat die literarische Schule des Sturmes und Dranges in offene Gegnerschaft gegen ihn und die verrotteten Vorurteile der vornehmen

Rokokogesellschaft. Offene Empörung klingt etwa aus dem Rufe Bürgers in ,,Lenardo und Blandine'': ,,Pfui, Edelgesindel!'', ebenso aus Schubarts Gedicht ,,Der Bauer an seinen Edelmann''. Denn auch für die gedrückte Lage der ländlichen Bevölkerung, die unter dem Joche der adligen Grundbesitzer seufzte, regte sich im Bürgerstande das Gefühl. Lenzens ,,Hofmeister'', Klingers ,,Reue nach der Tat'', Wagners ,,Kindermörderin'' und andere Dramen behandeln neben Schillers ,,Kabale und Liebe'' die Gegensätze der Stände im Geiste der Umwälzung. Ein ,,infamer Adel'' gehörte, wie Goethe sich in einem Briefe an Reichardt vom 28. Februar 1790 ausdrückte, seitdem zu den Bestandteilen der deutschen Romane und Bühnendichtungen. In den ,,Grönländischen Prozessen'' (1783) sagt Jean Paul, das Bild der Vorfahren spiegele sich beim alten Adel in den Nachkommen nur noch so wie das Bild der Sonne in der Pfütze. Auch die Journalistik und Publizistik der siebziger und achtziger Jahre wimmelt von Anklagen gegen den Adel. Daneben freilich fehlte es auch nicht an bürgerlichen Schriftstellern, welche die fanatischen Ausfälle gegen die Priviligierten einschränken wollten, wie es Brandes um 1787 in der Berliner Monatsschrift tat: ,,Laßt also dem Adel seine Vorrechte, aber kontrolliert ihn, daß er nicht weiter greife, nicht in Rücksicht seiner Geburt sich alles erlaubt halte — und, ihr Bürgerlichen, vergeßt nicht, daß, wenn sie Edle sind, ihr Freie seid!'' Und Schubart erblickte in dem Adel, der Stacheln nicht nur nach unten, sondern auch nach oben kehre, die einzige starke Wehr gegen die Willkür. (**C. Gebauer**, a. a. O., S. 238 f.)

Ähnliches gilt für die Dramatik des Sturm und Drang. Im Jahre 1740 waren nur noch zwei deutsche Dramen zur Ostermesse gebracht worden: eine Voltaire-Übersetzung und eine Dramatisierung der Telemach-Sage; 1770 sind es 42 Titel, und 1800 beträgt ihre Zahl 64. Es gab zur Zeit des Rokoko eine höfische Theaterkultur, die aber weitgehend französisch beeinflußt war. Daneben entwickelten sich durch das Wirken einiger Schauspieltruppen, die meist von Ort zu Ort zogen, im Laufe der dem Sturm und Drang voraufgehenden Jahrzehnte allmählich Ansätze eines bürgerlichen Theaters. Welche Schwierigkeiten in der wirtschaftlichen und sozialen Stellung des Schauspielers, in Interesse und Geschmack des Publikums, in den Vorurteilen der Geistlichkeit und des Bürgertums lagen und dem Unternehmen eines Nationaltheaters entgegenstanden, läßt Lessings Ankündigung der Hamburger Dramaturgie noch 1767 deutlich durchblicken. Intellektuelle, Schriftsteller und Schauspieler mußten sich ihre gesellschaftliche Achtung mühsam erkämpfen in der Auseinandersetzung mit überkommenden Meinungen. Immer wieder wird in den damaligen Stücken der Zeit das Theater von Dramengestalten, die der älteren Generation angehören, als der Ort der Sittenverderbnis im besonderen und die Lektüre von empfindsamer Belleristik im allgemeinen als Schule des Lasters gebrandmarkt. Erst 1776 wurde das Wiener Burgtheater, erst 1779 das Mannheimer Nationaltheater eröffnet.

Die Dramen des Sturm und Drang sind realistisch in einem ähnlichen Sinn wie der Roman der Epoche. In vielen Werken erscheint die kleinbürgerliche Lebenssphäre: die engen Stuben, in denen der polternde Hausvater herrscht, in denen die moralische Ordnung mit Hilfe von strengen Sanktionen aufrechterhalten wird. Diese in sich geschlossene Welt wird meist durch eine Rebellion der Jugend, die sich gegen das von der Familie als verlängerten Arm der kirchlichen Obrigkeit bestimmte Leben auflehnt, gestört und verwirrt. Häufig kommt es zur Katastrophe durch das Unverständnis der älteren Generation, durch die einengende Macht der in ihnen manifestierten Normen. Das Motiv

der Liebe eines Mädchens über seine Standesgrenzen hinaus (Die Soldaten, Der Hofmeister, Die Kindermörderin, Kabale und Liebe), das Problem der unehelichen Mutter (Faust, die Kindermörderin) lassen den Sturm und Drang hier als Revolte der jungen Generation gegen die Väter erscheinen.
(**U. Karthaus (Hg.)**, Sturm und Drang und Empfindsamkeit, Einleitung, S. 24 f. (Die deutsche Literatur, Bd. 6))

Mit der Forderung nach einer eigenen, nationalen Überlieferungen folgenden Dramatik ergab sich zwangsläufig auch der Rückgriff auf nationale Dramenstoffe. Goethes Götz dürfte das bekannteste Beispiel sein. Auch Faust spielt in einem historisch ungenau fixierten deutschen Mittelalter. Maler Müller folgte mit dem 1775-81 entstandenen Legendendrama Genoveva. Klopstock griff mit seinen Hermanns-Dramen in noch weitere, germanische Vorzeit zurück. Die Wendung zur eigenen nationalen Vergangenheit wurde geradezu zur Mode; der Mannheimer Intendant Wolfgang Heribert von Dalberg ließ Schillers Räuber für die Uraufführung zu einem mittelalterlichen Ritterstück umarbeiten.
Die Entwicklung eines deutschsprachigen bürgerlichen Theaters über die von Gottsched inspirierten Formen der Aufklärungsdramatik ist noch unter einem anderen Aspekt zu sehen. Die Bühne artikulierte nicht nur die Probleme des Bürgertums, sie war nicht nur Manifestion der nationalen Indentität, sondern sie bot dem in die Enge der bürgerlichen Gesellschaft eingeschlossenen Menschen die Möglichkeit, aus der Misere der eigenen Existenz zu entfliehen. Eckehard Catholy hat auf diese Funktion der Theaterleidenschaft für den Werdegang Anton Reisers aufmerksam gemacht. Das Theater wird ihm Ersatz für gelebtes Leben angesichts einer Wirklichkeit, die Ihm die reale Erfüllung seiner Existenz auf nahezu allen Gebieten versagt. Anton Reiser

strebt als Gymnasiast in Hannover zum Theater, nachdem er sich zuvor als Hutmacherlehrling in Braunschweig mit einem wirkungsmächtigen Kanzelredner identifiziert ha. Insofern ließe sich seine Theatromanie auch als Säkularisationsphänomen auffassen. Schillers Schrift ,,Die Schaubühne als eine moralische Anstalt betrachtet'' (1785) definiert die gesellschaftliche Funktion des Theaters in ähnlichem Sinn wie die der Religion. Das subjektiv empfundene ,,Verlangen, sich in einem leidenschaftlichen Zustande zu fühlen'', auf das Schiller im Anschluß an Sulzer die Entstehung der Bühne zurückführt, zieht das Publikum an; Schiller selbst will die ,,Anschauung und lebendige Gegenwart'' des Theaters nutzen, um sittlich zu wirken, ,,tiefer und dauernder als Moral und Gesetze''.
Doch mit diesem Programm ist die Position des Sturm und Drang fast schon verlassen; datiert man das Ende der Epoche mit Schillers ,,Kabale und Liebe'' auf 1784 oder mit dem Beginn von Goethes Italienreise auf den Herbst 1786, oder schon mit seiner Erhebung in den Adelsstand auf 1782: in jedem Falle hört der Sturm und Drang auf, sobald seine führenden Repräsentanten in bürgerlichen oder höfischen Ämtern die Intention auch ihrer künstlerischen Tätigkeit auf moralische und pädagogische Wirkung konzentrieren oder gar verstummen wie Lenz, Schubart, Hölty, Leisewitz und andere.
(**U. Karthaus**, a. a. O., S. 26 f.)

II. C. 4. Dramen der Zeit — das literarische Umfeld der ,,Kabale und Liebe"

II. C. 4. a. Theaterstücke anderer Autoren

Lessing, ,,Miss Sara Sampson''

Eine neue Bahn betrat Lessing erst mit der ,,Miss Sara Sampson,'' indem er das bürgerliche Trauerspiel von dem englischen auf deutschen Boden verpflanzte und so völlig mit dem französischen Geschmack brach. Der berühmte englische Familienroman Richardsons: ,,Clarissa'' und das Drama von George Grillo: ,,Der Kaufmann von London'' gaben ihm dazu die Anregung, die er in ganz selbständiger Weise ausführte, wenn er auch Namen und Sitten dazu aus England entlehnte und das Stück auf englischem Boden spielen ließ. Statt der bisher üblichen steifen Alexandriner schrieb er es in Prosa. — Die Heldin des Stückes, die Tochter eines Baronets, Sir William Sampson, wird in ihrer Unerfahrenheit von einem jungen reichen Wüstling, Mellefont, unter dem Versprechen der kirchlichen Ehe aus dem Hause ihrer Eltern entführt. Aber obgleich er sie wirklich liebt, verzögert er die Heirat, weil er vor dem äußeren Zwang einer solchen sich scheut und außerdem sich durch ein früheres Verhältnis zu einer jungen koketten Witwe, Mrs. Marwood, gebunden hält. Dennoch vermag er sich von seiner neuen Geliebten nicht zu trennen, auch als die tückische Marwood ihn verfolgt und in ihre Schlingen zurückzuführen versucht. Aus Rache vergiftet diese nun die unglückliche Sara, die mit dem Worte der Fürsprache und Vergebung für ihre Mörderin stirbt — ,,ich sterbe und vergebe es der Hand, durch die mich Gott heimsucht.'' Mellefont, der in Verzweiflung Hand an sich legt, endet mit dem Ausruf: ,,Was für fremde Empfindungen ergreifen mich! Gnade, o Schöpfer, Gnade!'' — So sehr auch dieses Stück in den Rührton, der die Zeit beherrschte, noch einstimmte und so reich es an langathmigen moralischen Reflexionen war, - Lessing hatte damit doch einen kühnen glücklichen Griff in das volle Menschenleben getan und trefflich gezeichnete wahre Charaktere vorgeführt statt der bisher üblichen „abstrakten Schemen von Tugend und Laster".

(**R. Koenig**, Deutsche Literaturgeschichte, 1879, S. 382 f.)

Lessing: „Emilia Galotti" (1772)

Emilia, die Tochter Odoardo Galottis, eines streng sittlichen, durch und durch ehrenhaften Edelmannes, die Verlobte des Grafen Appiani, stürzt am Hochzeitsmorgen außer sich in das Haus ihrer Eltern mit der Schreckenskunde, daß der regierende Fürst, Prinz von Guastalla, ihr in der Kirche seine Liebe erklärt habe. Auf den Rat ihrer Mutter verschweigt sie das Geschehene ihrem Vater ebenso wohl wie ihrem Bräutigam. Nur ein Verbrechen kann den Prinzen zur Erreichung seiner Wünsche führen, aber er scheut davor in seiner Leidenschaft nicht zurück, zumal sein böser Geist, der raffinierte Kammerherr Marinelli, ihm dazu die Wege auf das bequemste ebnet. Zunächst versucht man den Bräutigam zu beseitigen, indem man ihn zum Gesandten an einen weitentfernten Hofe ernennt, aber Graf Appiani geht nicht in die ihm gestellte Falle, und lehnt den Antrag ab; so bleibt nur der Mord übrig, um ihn aus dem Wege zu räumen. Der Wagen, in welchem das Brautpaar zur Vermählung fährt, wird von geworbenen Banditen überfallen, Appiani erschossen und Emilia von dazu bestellten fürstlichen Dienern, die scheinbar als Retter auftreten, nach dem Lustschloß des Prinzen gebracht. Dieser empfängt sie mit der Miene des Entrüsteten und Überraschten, versichert sie seiner Teilnahme und stellt die strengste Untersuchung in Aussicht. Als aber Emiliens Eltern herbeikommen, um ihre Tochter hinwegzuführen, werden ihnen Schwierigkeiten in den Weg gelegt — auf Marinellis Rat erklärt der Fürst, Mutter und Tochter müßten der unparteiischen Untersuchung willen getrennt bleiben. Inzwischen ist die abgedankte Geliebte des Prinzen, Gräfin Orsina, eingetroffen und hat aus Eifersucht den alten Vater Emiliens von dem wahren Tatbestand unterrichtet, ja ihm einen Dolch gegeben. Odoardo erlangt von dem Prinzen eine Unterredung mit seiner Tochter, in welcher er ihr den Plan, sie von den Eltern zu trennen,

mitteilt. Emilia, die des Eindruckes, den der Prinz auf sie gemacht, sich wohl bewußt ist, zittert vor sich selbst; der Tod allein scheint sie aus der Gefahr retten zu können — da durchbohrt sie der Vater, um sie vor der Schmach zu retten! — Dieser Schluß ist von jeher vielen ein Gegenstand des Anstoßes gewesen, und als herb, ja verletzend bezeichnet worden — die Katastrophe ist jedenfalls gewaltsam herbeigeführt, und der zuletzt auf Emiliens Charakter fallende Schatten schwächt die Teilnahme an ihr. Abgesehen davon ist die Durchführung jedes einzelnen Charakters von einer unübertrefflichen Meisterschaft, und der knappe Dialog, der ganze wohlgefugte Bau des Dramas, das rasche Fortschreiten der Handlung sichern dem Stück für immer dieselbe Anziehungskraft, die es auf die ersten Zuschauer übte.
(**R. Koenig**, a. a. O. S. 385 f.)

Im Jahr **1780** erschienen zwei Dramen, die sich auf dem neuentdeckten Gebiet bewegten.
Der Autor des einen war **Otto Heinrich Freiherr von Gemmingen** (1755-1836), der als kurpfälzischer Kämmerer in Mannheim mit Dalberg befreundet war und sich sehr für das Theater interessierte.
Gemmingens „Hausvater" (1780) ist wie sein literarisches Vorbild, Diderots (1713-84) „Père de famille", eine Laienpredigt. Während der Abwesenheit des verwitweten Grafen Wodmar verführt sein ältester Sohn Karl das Bürgermädchen Lotte; der andere, Ferdinand, macht Spielschulden, und Sophie, die verheiratete Tochter, ist ihres leichtfertigen gräflichen Gatten überdrüssig. Heimgekehrt muß Wodmar die gestörte Ordnung wieder herstellen. Mit Hilfe des Kindes bringt er das auseinanderstrebende Ehepaar „mühelos" wieder zusammen und die Söhne auf den rechten Weg. Karl gibt die beabsichtigte standesgemäße Ehe mit einer Gräfin auf und heiratet das Bürgermädchen, dem er sein

Wort gegeben hat. Alles kommt ins richtige Gleis durch Wodmars moralische Kollegs, die über den Familienkreis hinaus an die Menschheit gerichtet sind. — Hier sind die Elemente der Sturm- und Drangzeit (Standesunterschied, lasterhafter Adel etc.) im Grunde nur noch theatralische Ausstattung.

Auch **Gustav Friedrich Wilhelm Großmann** (1746-96), Schauspieler und Theaterpraktiker, lehnt sich in seinem Stück **„Nicht mehr als sechs Schüsseln"** an Diderot an. Hier ist der Konflikt in die Ehe eines bürgerlichen Hofrats mit einer adeligen Dame verlegt, für deren Verwandte der Hausherr nicht mehr als sechs Schüsseln zum Essen auftragen lassen will. Natürlich siegt die bürgerliche Einfachheit über vornehme Windbeutelei, der bürgerliche Eindringling setzt sich durch, und die edelgeborene Dame will zum Schluß bekehrt nur „eines deutschen Mannes Weib sein, auf Du und Du". In seinen Schauspielen stellt er den idealen Bürger vor und kämpft gegen Beamtenbestechlichkeit, Günstlings- und Maitressenwirtschaft. Mit rohen Bearbeitungen trat er als Theaterleiter in Bonn, Frankfurt und Hannover für Shakespeare ein und übersetzte aus dem Französischen.

Bald bemächtigten sich überhaupt die Theaterpraktiker der bürgerlichen Spielart des Dramas. In immer neuen Abwandlungen wird der belehrende Zweck mehr oder weniger unverhüllt herausgestellt, die spießbürgerlichen Leiden und Freuden des Alltags vorgeführt. An Stelle des leidenschaftlichen Klassenkampfes wird mit Genugtuung auf die übrigens fragwürdige Förderung von Manufakturen und Fabriken durch den Staat hingewiesen und die Hoffnung auf eine fortschreitende wirtschaftliche Entwicklung zugunsten des Bürgertums genährt. Hierher gehört u. a. das „Bürgerglück" (1792) von J. M. v. Babo.

Daß der junge Schiller in diese Entwicklung noch einmal leidenschaftlich eingriff und wirkliche Schäden aufdeckte, empfand man als überlebt. So konnte Schröder 1784 an Dalberg schreiben:

„... ich hasse auch diese regellosen Trauerspiele, die Kunst und Geschmack zu Grunde richten. Ich hasse Schiller, daß er wieder eine Bahn eröffnet, die der Wind schon verweht hatte."
(**R. Newald**, von Kopstock bis zu Goethes Tod, Teil 1: Ende der Aufklärung und Vorbereitung der Klassik, 1967, S. 391 f.)

Auch für **August Wilhelm Iffland** war das Theater die Schule der praktischen Weisheit, der Wegweiser im bürgerlichen Leben. Nach dem Nützlichkeitsprinzip der Aufklärung sah er das Theater als wahre Schule der Sitten an, wie der junge Schiller in seiner Schaubühne sagt: „Die Gerichtsbarkeit der Bühne fängt an, wo das Gebiet der weltlichen Gesetze sich endigt." Für uns ist es unverständlich, warum die Zeitgenossen Ifflands Werke Schillers gleichzeitiger Luise Millerin vorzogen. Iffland selbst, der diesem Stück den Titel Kabale und Liebe gegeben hatte, zehrte von ihm in: **„Die Kokarden"** (1791). Da ist die Hauptfigur ein hoher, dem Fürsten nahestehender Beamter, daneben ein abgefeimter Schurke als Sekretär. Der schwärmerisch-tugendhafte Sohn verzichtet auf die Vorrechte des Adels und findet ein idyllisches Glück an der Seite eines einfachen Mädchens.
(**R. Newald**, a. a. O. S. 392 f.)

Der Bürger als loyaler Untertan, Patriot und Soldat ist eine Figur, die im Mittelpunkt von Soldatenstücken steht. Sie schließen an „Minna von Barnhelm" mit ihrem Hintergrund zeitgenössischer Geschichte an. Zwei Schauspielerdichter, die das Soldatenleben aus eigener Erfahrung kannten, nahmen dieses Thema auf. Der Wiener Schauspieler **Gottlieb Stefanie** der Jüngere (1741-1800) schrieb darüber eine ganze Reihe von populären Lust- und Schauspielen, nachdem er als preußischer Husar in österreichische Gefangenschaft geraten war. Sein preußisches Gegenstück war **Heinrich Ferdinand Möller** (1745-98) mit dem Schau-

spiel „**Der Graf von Walltron oder die Subordination**" (1776). Patriotismus und Ergebenheit gegen regierende Mächte, Landesvater und Untertan, Fürst und Volk in inniger Harmonie — das war weit entfernt von den Räubern und Kabale und Liebe!
Mit einer Mischung von Begeisterung für Friedrich den Großen, rührseligen Familienszenen und deutlicher pädagogischer Absicht errang **J. J. Engel** Erfolge in seinen Dramen „**Der dankbare Sohn**" (1771) und „**Der Edelknabe**" (1774). Rousseaus Naturschwärmerei wird zum bäuerlichen Idyll. Die politische Kritik wagt sich nur an die untergeordneten Organe, an deren Verderbtheit der Edelmut der Oberen erst richtig zur Geltung kommt.
(a. a. O., S. 394)

Bedeutend ist sein Fortschritt im zweiten Drama. Hier wählte er einen Stoff, der seine Anziehungskraft bis heute nicht verloren hat (Carl Orff): „**Agnes Bernauerin**". Das Stück wurde 1781 in Mannheim uraufgeführt und hatte sehr großen Erfolg auch an anderen Bühnen. Mit Klingers „Otto" wurde es von den Zeitgenossen neben Goethes „Götz" gestellt.
Hier ist ein echtes Sturm-und-Drang-Motiv, der Standesunterschied, das Hauptproblem, das aber in ganz anderem Sinn gelöst wird: im ersten Teil wird wohl mit warmer Beredsamkeit das Recht des Herzens verteidigt — ein unglückliches Erlebnis des Autors spielt nach seinem eigenen Geständnis hier herein —, aber im zweiten Teil wird um so unnachgiebiger auf die Fürstenwürde hingewiesen, die Forderung der bedingungslosen Unterordnung des empfindsamen Herzens unter das Staatswohl aufgestellt.
(a. a. O., S. 396. Der Autor des genannten Stückes ist der bayerische **Graf Josef August von Törring-Jettenbach**.)

II. C. 4. b. Schiller, „Die Räuber" (1781), Äußerungen des „Bösewichts" Franz Moor.

Ich habe große Rechte, über die Natur ungehalten zu sein, und bei meiner Ehre! ich will sie geltend machen. — Warum bin ich nicht der erste aus dem Mutterleib gekrochen? Warum nicht der einzige? Warum mußte sie mir diese Bürde von Häßlichkeit aufladen? Gerade mir? Nicht anders, als ob sie bei meiner Geburt einen Rest gesetzt hätte. Warum gerade mir die Lappländernase? Gerade mir dieses Mohrenmaul? Diese Hottentottenaugen? Wirklich, ich glaube, sie hat von allen Menschensorten das Scheußliche auf einen Haufen geworfen und mich daraus gebacken. Mord und Tod! Wer hat ihr die Vollmacht gegeben, jenem dieses zu verleihen und mir vorzuenthalten? Könnte ihr jemand darum hofieren, eh er entstund? Oder sie beleidigen, eh er selbst wurde? Warum ging sie so parteilich zu Werke?
(I, 1)

Der feurige Geist, der in dem Buben [Karl Moor] lodert, sagtet Ihr [der alte Moor] immer, der ihn für jeden Reiz von Größe und Schönheit so empfindlich macht; diese Offenheit, die seine Seele auf dem Auge spiegelt, diese Weichheit des Gefühls, die ihn bei jedem Leiden in weinende Sympathie dahinschmelzt, dieser männliche Mut, der ihn auf den Wipfel hundertjähriger Eichen treibet und über Gräber und Palisaden und reißende Flüsse jagt, dieser kindische Ehrgeiz, dieser unüberwindliche Starrsinn und alle diese schöne, glänzende Tugenden, die im Vatersöhnchen keimten, werden ihn dereinst zu einem warmen Freund eines Freundes, zu einem trefflichen Bürger, zu einem Helden, zu einem großen, großen Manne machen ...
... Und dann der trockne Alltagsmensch, der kalte, hölzerne Franz und wie die Titelchen alle heißen mögen, die Euch der Kontrast

zwischen ihm und mir mocht eingegeben haben, wenn er Euch auf dem Schoße saß oder in die Backen zwickte — der wird einmal zwischen seinen Grenzsteinen sterben, und modern und vergessen werden, wenn der Ruhm dieses Universalkopfs von einem Pole zum anderen fliegt — Ha! mit gefaltnen Händen dankt dir, o Himmel! der kalte, trockne, hölzerne Franz — daß er nicht ist wie dieser!
(I, 1)
Philosophen und Mediziner lehren mich, wie treffend die Stimmungen des Geists mit den Bewegungen der Maschine zusammenlauten. Gichtrische Empfindungen werden jederzeit von einer Dissonanz der mechanischen Schwingungen begleitet — Leidenschaften *mißhandeln* die Lebenskraft — der überladene Geist drückt sein Gehäuse zu Boden — Wie denn nun? — Wer es verstünde, dem Tod diesen ungebahnten Weg in das Schloß des Lebens zu ebenen! — den Körper vom Geist aus zu verderben — ha! ein Originalwerk! — wer das zustande brächte! — Ein Werk ohnegleichen! — Sinne nach, Moor! — Das wäre eine Kunst, die's verdiente, dich zum Erfinder zu haben. Hat man doch die Giftmischerei beinahe in den Rang einer ordentlichen Wissenschaft erhoben und die Natur durch Experimente gezwungen, ihre Schranken aufzugeben, daß man nunmehr des Herzens Schläge jahrlang vorausrechnet und zu dem Pulse spricht, bis hierher und nicht weiter! — Wer sollte nicht auch hier seine Flügel versuchen?
Und wie ich nun werde zu Werk gehen müssen, diese süße, friedliche Eintracht der Seele mit ihrem Leibe zu stören? Welche Gattung von Empfindnissen ich werde wählen müssen? Welche wohl den Flor des Lebens am grimmigsten anfeinden? *Zorn*? — dieser heißhungrige Wolf frißt sich zu schnell satt — *Sorge*? — dieser Wurm nagt mir zu langsam — *Gram*? diese Natter schleicht mir zu träge — *Furcht*? die Hoffnung läßt sie nicht umgreifen? —

was? sind das all die Henker des Menschen? — ist das Arsenal des Todes so bald erschöpft? — (Tiefsinnend.) Wie? — Nun? — Was? Nein! — Ha! (Auffahrend.) *Schreck*! — Was kann der Schreck nicht? — Was kann Vernunft, Religion wider dieses Giganten eiskalte Umarmung? — Und doch? — Wenn er auch diesem Sturm stünde? — Wenn er? — O so komme zu mir zu Hülfe *Jammer*, und du *Reue*, höllische Eumenide, grabende Schlange, die ihren Fraß wiederkäut und ihren eigenen Kot wieder frißt; ewige Zerstörerinnen und ewige Schöpferinnen eures Giftes, und du, heulende *Selbstverklagung*, die du dein eigen Haus verwüstest, und deine eigene Mutter verwundest — Und kommt auch ihr mir zu Hülfe wohltätige Grazien selbst, sanftlächelnde *Vergangenheit*, und du mit dem überquellenden Füllhorn, blühende *Zukunft*, haltet ihm in euren Spiegeln die Freuden des Himmels vor, wenn euer fliehender Fuß seinen geizigen Armen entgleitet — So fall ich Streich auf Streich, Sturm auf Sturm dieses zerbrechliche Leben an, bis den Furientrupp zuletzt schließt — die *Verzweiflung*! Triumph! Triumph! — Der Plan ist fertig — schwer und kunstvoll wie keiner — zuverlässig — sicher — denn (spöttisch) des Zergliederers Messer findet ja keine Spuren von Wunde oder korrosivischem Gift.
(II. 1)

II. D. Änderung der Gesellschaft durch Literatur und Drama?

II. D. 1. Die allgemeine kritische Tradition und Zeitströmung

Belehrungs- und Unterhaltungsliteratur gehen im 18. Jahrhundert allenthalben ineinander über. Die dichterische Satire, die neben der trocken moralisierenden Betrachtung auch in den Moralischen Wochenschriften einen ziemlich breiten Raum einnimmt, gewinnt selbständige literarische Bedeutung, und das gleiche gilt von der meist in gebundener Rede gedichteten Fabel. Beide literarischen Gattungen sind für die bürgerliche Sittenreform des 18. Jahrhunderts ein beliebtes Mittel der Belehrung geworden. Um die Mitte des Jahrhunderts ist der sächsische Steuerrat Gottlieb Wilhelm Rabener (1714-1771) der angesehenste Vertreter der Satire. Lebenswahr schildert er mit launigen Zügen die landläufigen Typen aus den Kreisen der Bürger, Beamten und Landjunker. Aber Rabener ist auch ein charakteristisches Beispiel dafür, in welchem Grade die Satire in der Zeit des fürstlichen Despotismus und der ständischen Privilegien auf die Launen der Machthaber und Großen Rücksicht zu nehmen hatte. Die Zensur unterdrückte jedes allzu freie geschriebene Wort, und so mußte die Satire vor manchen Zuständen überhaupt haltmachen, sie bediente sich mehr nur eines leicht ironischen Tones, als daß sie die Dinge unnachsichtlich beim rechten Namen genannt hätte. Persönliche Schärfe durfte nur die Kritik der literarischen Zustände zeigen, wie sie etwa bei Liscow (1701-1760) und Lichtenberg (1742-1799) erscheint. Über das Wesen und die Möglichkeiten der gesellschaftlichen Satire äußert sich Rabener im „Vorbericht" vom Mißbrauche der Satire (Gesamtausgabe seiner Werke von 1763, 7. Aufl., S. 9 und 10) folgendermaßen: „Wer den Namen eines Satirenschreibers verdienen will, dessen Herz muß redlich sein. Er muß die Tugend, die er andere lehrt, für den einzigen Grund des wahren Glücks halten." Die Religion, den Thron des Fürsten, das Ansehen der Obrigkeit dürfe er nicht antasten. „Er muß eine edle Freude empfinden, wenn er sieht, daß sein Spott dem Vaterlande einen guten Bürger erhält und einen anderen zwingt, daß er aufhöre, lächerlich und lasterhaft zu sein. Er muß liebreich sein, wenn er bitter ist."

(**C. Gebauer**, a. a. O., S. 126 f.)

Als vornehmstes Objekt der wissenschaftlichen Untersuchung galt der Aufklärung schließlich der Mensch, und seiner Erziehung zum Sittlichen war ihr Eifer fast allein gewidmet. Kein Zeitalter hat so fest an die Allmacht der Erziehung geglaubt wie das der Aufklärung. Noch Kant meinte: „Der Mensch ist nichts, als was die Erziehung aus ihm macht", und in den „Pädagogischen Unterhaltungen" von 1778 heißt es: „Gott wird sich durch eine Erziehungsreform der ausgearteten Menschen annehmen." Daß auch angeborene Eigenschaften oft eine verhängnisvolle Rolle spielen, wollte man nicht zugestehen. Die Tugend galt als als lehrbar, die redliche Erziehungsabsicht immer als erfolgreich. In dem „Katechismus der Sittenlehre für das Landvolk" von J. H. Schlosser (1772 anonym erschienen) stehen die uns in Erstaunen setzenden Worte: „Wenn der Endzweck der Tugend die höchste Glückseligkeit ist, und wenn der Mensch von Natur gezwungen ist, nach seiner höchsten Glückseligkeit zu verlangen, ist er gezwungen, tugendhaft zu sein. Mit diesem Satz steht und fällt die ganze Sittenlehre." Und weiter: „Die ganze Besserung des menschlichen Geschlechts liegt an der Besserung des Verstandes."

(a. a. O., S. 110 f.)

Das Theater galt im 18. Jahrhundert vornehmlich als Stätte sittlicher Volkserziehung. Noch Schiller hat bekanntlich eine Abhandlung über die „Schaubühne als eine moralische Anstalt" geschrieben (1784). In der ersten Jahrhunderthälfte tritt uns auch auf diesem Boden Gellert als Morallehrer entgegen, und zwar im lehrhaften und rührenden Lustspiel, das von englischen Komödien und Romanen abhängig war. Richardsons „Pamela" galt stofflich als Vorbild dieser Gattung. Dieser Roman behandelt das

Geschick eines jungen Bürgermädchens, das vor den Nachstellungen adliger Herren seine Tugend bewahrt und in einer glücklichen Ehe seinen Lohn erhält. Auch französische Muster, diese wiederum von England beeinflußt, die Lustspiele von Destouches und die Comédie larmoyante des Nivelle de la Chaussée, wirkten anregend mit. Gellert wollte in seinen Lustspielen gute Charaktere, Vorbilder der Tugend, als Ermahnung zum Guten vorführen. Die heute recht harmlos erscheinenden Stücke, ,,Die Betschwester" (1745), ,,Das Los in der Lotterie" (1746), und ,,Die zärtlichen Schwestern" (1747), spielen im engen Kreise des Familienlebens, sind eigentlich gewöhnliche Heiratsgeschichten, die tugendhaften Personen dienen als Sprachrohr für die moralischen Theorien Gellerts und sind sehr blaß gezeichnet. Die Stücke sind arm an Handlung, die hinter dem Interesse an der **Sittenlehre** völlig zurücktritt. Aber sie entsprachen durchaus dem Geschmack eines für Belehrung sehr empfänglich gewordenen Publikums. In allen dreien gibt es am Schluß als Belohnung für die handelnden Personen und für die Zuschauer eine zärtliche Ehe. Die Gedanken, die in ihnen behandelt werden, sind Ehrfurcht vor Gott, Verehrung des Christentums, tätige Menschenliebe, Abscheu vor der Freigeisterei, Eheglück und Freundschaft. Die Güte erscheint immer mit Bildung vereint, Untugend mit Unbildung.
Da zwischen dem vollendeten Wissen und der sittlichen Vollendung ein Widerspruch unvorstellbar war, mußte die moralische Überlegenheit sich auch als höherer Stand der Bildung geltend machen. Demgegenüber verloren alle Unterschiede der Anlage, Vererbung und sozialen Bedingtheit ihre Bedeutung.
(a. a. O., S. 128-130)

Die volkserzieherische Wirkung dieser Theaterstücke ist nicht gering einzuschätzen, und ihr Wert als Zeugnis des Kulturzustandes beruht auf der Tatsache, daß ihre Beliebtheit das im

Bürgertum erwachte Gefühl für Reinheit des Familienlebens, für Menschenwürde und soziale Verantwortung beweist.
(a. a. O., S. 130)

Seit dem Ende der ersten Jahrhunderthälfte trat neben dem Rationalismus der älteren Wochenschriften immer stärker auch die Richtung auf freieren Ausdruck des Gefühls hervor, welche die sozialen Beziehungen zu veredeln und ein reineres, schöneres Verhältnis des Menschen zur Natur zu vermitteln erstrebte. Die populärwissenschaftliche Betrachtungsweise der Moralischen Wochenschriften hatte weder die Absicht noch größtenteils die Wirkung, die Religiosität zu schädigen. Vielmehr war es ein Grundzug dieser Geistesbewegung, von der Übereinstimmung der Wahrheiten des Christentums und der rationalistisch verfahrenen Wissenschaft überzeugt zu sein. Wurde auch die verhaßte Orthodoxie bekämpft, so erhielt sich doch fast überall die Achtung vor den Grundwahrheiten des Christentums. Ablehnende Kritiken des Atheismus, der radikalen Freigeisterei, deren üble Wirkungen auf die Sittlichkeit und das gesellige Leben ausgemalt werden, sind ein beliebter Gegenstand der Abhandlungen.
(a. a. O., S. 122 f.)

II. D. 2. Vertragstheorien – über Gedanken zum Staats- und Gesellschaftsvertrag von Thomas Hobbes (1588–1679), John Locke (1632–1704) und Jean-Jacques Rousseau (1712–1778).

Nach **Th. Schwarz,** Denker der Politik, 1940

Thomas Hobbes:

Hobbes geht in Anlehnung an den griechischen Historiker Thukydides von einem Naturzustand der Menschheit aus. In dieser

wilden Urzeit herrschte Anarchie, das Recht des Stärkeren entschied allein. Ein erbarmungsloser Krieg aller gegen alle wütete. Aus Angst, das höchste Gut, das eigene Leben, ständig in Gefahr zu sehen, schlossen sich die Menschen zusammen und verpflichteten sich gegenseitig, künftig in Frieden miteinander zu leben. Dieser Vertrag beraubte die einzelnen ihrer Freiheit; die Vertragschließenden gaben ihre Macht ab an die Gesamtheit, das heißt die Beauftragten der Gesamtheit. Auf diese Weise entstand durch den Gesellschaftsvertrag der Staat. Der Naturzustand (status naturalis) machte der bürgerlichen Ordnung (status civilis) Platz. Der Staat war anfänglich eine Demokratie, weil die Mehrheit der Einsichtigen den staatlichen Zustand der Ruhe den wenigen Kriegerischen aufgezwungen hatte.
Da dem Staate alle Macht übertragen wurde, hat der Staat, das heißt die Regierung absolute Befehlsgewalt über die Bürger. Einzig Selbstmord zu begehen, kann der Staat den Bürger nicht heissen, da der Gesellschaftsvertrag gerade um der Selbsterhaltung der einzelnen willen geschlossen wurde. Die absolute Befehlsgewalt kommt jeder Regierung zu, gleichgültig ob es sich um eine Demokratie, Aristokratie oder Monarchie handle.
(**Schwarz,** S. 46 f.)

John Locke

In seiner Staatslehre geht Locke wie Hobbes von einem Naturzustand aus. Doch lehnt er die pessimistische Theorie vom Krieg aller gegen alle ab; denn auch im Naturzustand war der Mensch ein Vernunftswesen. Das Privateigentum existierte als natürliches Recht des einzelnen, die Früchte seiner Arbeit zu genießen. Es fehlte jedoch eine Autorität, die das angeborene Recht auf Eigentum und Freiheit sicherte. Um eine solche Gewalt zu schaffen,

schlossen die einzelnen einen Vertrag, in dem sie ihre angeborenen Individualrechte zu Gunsten der Allgemeinheit beschränkten. Dem Staat wurde die Aufgabe übertragen, für die Sicherheit seiner Mitglieder nach innen und außen zu sorgen. Der Staatsvertrag war also nicht wie Hobbes behauptete ein Ergebnis der Furcht, sondern entsprang vernünftiger Überlegung. Dem Staat wurde außerdem nicht alle Gewalt übertragen. Die öffentliche Gewalt war vielmehr nur um des besseren Schutzes der Individualrechte willen geschaffen worden. Maßt die Regierung sich absolute Gewalt an, so bricht sie den Gesellschaftsvertrag und das Volk erhält seine ursprüngliche Unabhängigkeit wieder. Das Volk hat in diesem Fall ein Recht auf Revolution.
(**Schwarz,** S. 67 f.)

Jean-Jacques Rousseau

Der Staat, den Rousseau vorschlägt, beruht im Gegensatz zu den geschichtlich entstandenen nicht auf Gewalt, sondern auf einem gesellschaftlichen Vertrag, den die freien einzelnen miteinander abschließen. In diesem Vertrag begeben sie sich ihrer natürlichen Rechte, um sie als bürgerliche Rechte wiederzuerhalten. Allerdings beschränkt sich die bürgerliche Freiheit auf das Recht der Mitwirkung bei der Bildung des Gemeinwillens. Die durch den Gemeinwillen, die Bürgerversammlung erlassenen Gesetze bestimmen das Handeln des einzelnen endgültig. Gegenüber der demokratisch gewählten Regierung und ihren gesetzmäßigen Anordnungen können keine Individualrechte geltend gemacht werden. In diesem Punkte weicht Rousseau entschieden von den liberalen Naturrechtlern und Anhängern des Gesellschaftsvertrages, wie zum Beispiel Locke ab. Die Individualrechte sind, wie das Naturrecht lehrt, angeboren und unveräußerlich. Sie umfas-

sen inhaltlich das Recht auf Leben, das Recht auf Eigentum, das Recht auf Ausübung einer bestimmten Religion, das Recht der Eltern auf Erziehung ihrer Kinder.
(**Schwarz,** S. 80)

II. D. 3. Schiller: Die Schaubühne als eine moralische Anstalt betrachtet (1784),
zitiert nach Schiller, Werke, Hrsg. A. Kutscher, Bd. 12, S. 171–180.

Erschöpft von den höheren Anstrengungen des Geistes, ermattet von den einförmigen, oft niederdrückenden Geschäften des Berufs und von Sinnlichkeit gesättigt, mußte der Mensch eine Leerheit in seinem Wesen fühlen, die dem ewigen Trieb nach Tätigkeit zuwider war. Unsere Natur, gleich unfähig, länger im Zustande des Tiers fortzudauern, als die feinern Arbeiten des Verstandes fortzusetzen, verlangte einen mittleren Zustand, der beide widersprechende Enden vereinigte, die harte Spannung zu sanfter Harmonie herabstimmte und den wechselweisen Übergang eines Zustandes in den andern erleichterte. Diesen Nutzen leistet überhaupt nur der ästhetische Sinn oder das Gefühl für das Schöne ...

... Derjenige, welcher zuerst die Bemerkung machte, daß eines Staats festeste Säule Religion sei – daß ohne sie die Gesetze selbst ihre Kraft verlieren, hat vielleicht, ohne es zu wollen oder zu wissen, die Schaubühne von ihrer edelsten Seite verteidigt ...
... Gesetze, wollte er sagen, drehen sich nur um verneinende Pflichten – Religion dehnt ihre Forderungen auf wirkliches Handeln aus...

... Religion ... setzt ihre Gerichtsbarkeit bis in die verborgensten Winkel des Herzens fort und verfolgt den Gedanken bis an die innerste Quelle.

... Religion wirkt im ganzen mehr auf den sinnlichen Teil des Volks – sie wirkt vielleicht durch das Sinnliche allein so unfehlbar. Ihre Kraft ist dahin, wenn wir ihr dieses nehmen – und wodurch wirkt die Bühne? Religion ist dem größeren Teil der Menschen nichts mehr, wenn wir ihre Bilder, ihre Probleme vertilgen, wenn wir ihre Gemälde von Himmel und Hölle vernichten – und doch sind es nur Gemälde der Phantasie, Rätsel ohne Auflösung, Schreckbilder und Lockungen aus der Ferne. Welche Verstärkung für Religion und Gesetze, wenn sie mit der Schaubühne in Bund treten, wo Anschauung und lebendige Gegenwart ist, wo Laster und Tugend, Glückseligkeit und Elend, Torheit und Weisheit in tausend Gemälden faßlich und wahr an dem Menschen vorübergehen, wo die Vorsehung ihre Rätsel auflöst, ihren Knoten vor seinen Augen entwickelt, wo das menschliche Herz auf den Foltern der Leidenschaft seine leisesten Regungen beichtet, alle Larven fallen, alle Schminke verfliegt, und die Wahrheit unbestechlich wie Rhadamanthus Gericht hält ...

... Die Gerichtsbarkeit der Bühne fängt an, wo das Gebiet der weltlichen Gesetze sich endigt. Wenn die Gerechtigkeit für Gold verblindet und im Solde der Laster schwelgt, wenn die Frevel der Mächtigen ihrer Ohnmacht spotten und Menschenfurcht den Arm der Obrigkeit bindet, übernimmt die Schaubühne Schwert und Waage und reißt die Laster vor einen schrecklichen Richterstuhl ...

... So gewiß sichtbare Darstellung mächtiger wirkt als toter Buchstabe und kalte Erzählung, so gewiß wirkt die Schaubühne tiefer und dauernder als Moral und Gesetze ...

... Hier begleitet sie [die Schaubühne] die Weisheit und die Religion. Aus dieser reinen Quelle schöpft sie ihre Lehren und Muster und kleidet die strenge Pflicht in ein reizendes lockendes Gewand ...

... Ich kenne nur ein Geheimnis, den Menschen vor Verschlimmerung zu bewahren, und dieses ist – sein Herz gegen Schwächen zu schützen.
Einen großen Teil dieser Wirkung können wir von der Schaubühne erwarten. Sie ist es, die der großen Klasse von Toren den Spiegel vorhält und die tausendfachen Formen derselben mit heilsamem Spott beschämt ...

... Die Schaubühne allein kann unsere Schwächen belachen, weil sie unsere Empfindlichkeit schon und den schuldigen Toren nicht wissen will – Ohne rot zu werden, sehen wir unsre Larve aus ihrem Spiegel fallen und danken insgeheim für die sanfte Ermahnung ...

... Die Schaubühne ist mehr als jede andere öffentliche Anstalt des Staats eine Schule der praktischen Weisheit, ein Wegweiser durch das bürgerliche Leben, ein unfehlbarer Schlüssel zu den geheimsten Zugängen der menschlichen Seele.

... Wenn sie die Summe der Laster weder tilgt noch vermindert, hat sie uns nicht mit denselben bekannt gemacht? – Mit diesen Lasterhaften, diesen Toren müssen wir leben. Wir müssen ihnen ausweichen oder begegnen; wir müssen sie untergraben oder ihnen unterliegen. Jetzt aber überraschen sie uns nicht mehr. Wir sind auf ihre Anschläge vorbereitet. Die Schaubühne hat uns das Geheimnis verraten, sie ausfindig und unschädlich zu machen ...

... Nicht bloß auf Menschen und Menschencharakter, auch auf Schicksale macht uns die Schaubühne aufmerksam und lehrt uns die große Kunst, sie zu ertragen ...

... Die Schaubühne führt uns eine mannigfaltige Szene menschlicher Leiden vor. Sie zieht uns künstlich in fremde Bedrängnisse und belohnt uns das augenblickliche Leiden mit wollüstigen Tränen und einem herrlichen Zuwachs an Mut un Erfahrung.

... Aber nicht genug, daß uns die Bühne mit Schicksalen der Menschheit bekannt macht, sie lehrt uns auch gerechter gegen den Unglücklichen sein und nachsichtsvoller über ihn richten. Dann nur, wenn wir die Tiefe seiner Bedrängnisse ausmessen, dürfen wir das Urteil über ihn aussprechen ...
Selbstmord wird allgemein als Frevel verabscheut; wenn aber, bestürmt von den Drohungen eines wütenden Vaters, bestürmt von Liebe, von der Vorstellung schrecklicher Klostermauern, Mariane das Gift trinkt, wer von uns will der erste sein, der über dem beweinenswürdigen Schlachtopfer einer verruchten Maxime den Stab bricht? – Menschlichkeit und Duldung fangen an, der herrschende Geist unserer Zeit zu werden; ihre Strahlen sind bis in die Gerichtssäle, und noch weiter – in das Herz unserer Fürsten gedrungen. Wieviel Anteil an diesem göttlichen Werk gehört unseren Bühnen? Sind sie es nicht, die den Menschen mit dem Menschen bekannt machten und das geheime Räderwerk aufdeckten, nach welchem er handelt?

. . . Eine merkwürdige Klasse von Menschen hat Ursache, dankbarer als alle übrigen gegen die Bühne zu sein. Hier nur hören die Großen der Welt, was sie nie oder selten hören – Wahrheit; was sie nie oder selten sehen, sehen sie hier – den Menschen.

... Die Schaubühne ist der gemeinschaftliche Kanal, in welchen von dem denkenden besseren Teil des Volks das Licht der Weisheit herunterströmt und von da aus in milderen Strahlen durch den ganzen Staat sich verbreitet. Richtigere Begriffe, geläuterte Grundsätze, reinere Gefühle fließen von hier durch alle Adern des Volks.

... Mit ebenso glücklichem Erfolge würden sich von der Schaubühne Irrtümer der *Erziehung* bekämpfen lassen; das Stück ist noch zu hoffen, wo dieses merkwürdige Thema behandelt wird. Keine Angelegenheit ist dem Staat durch ihre Folgen so wichtig, als diese, und doch ist keine so preisgegeben, keine dem Wahne, dem Leichtsinn des Bürgers so uneingeschränkt anvertraut, wie es diese ist. Nur die Schaubühne könnte die unglücklichen Schlachtopfer vernachlässigter Erziehung in rührenden, erschütternden Gemälden an ihm vorüberführen: hier könnten unsere Väter eigensinnigen Maximen entsagen, unsere Mütter vernünftiger lieben lernen.

... Nicht weniger ließen sich – verstünden es die Oberhäupter und Vormünder des Staats – von der Schaubühne aus die Meinungen der Nation über Regierung und Regenten zurechtweisen. Die gesetzgebende Macht spräche hier durch fremde Symbole zu dem Untertan, verantwortete sich gegen seine Klagen, noch ehe sie laut werden, und bestäche seine Zweifelsucht, ohne es zu scheinen. Sogar Industrie und Erfindungsgeist könnten und würden vor dem Schauplatze Feuer fangen, wenn die Dichter es der Mühe wert hielten, Patrioten zu sein, und der Staat sich herablassen wollte, sie zu hören.

. . . Unmöglich kann ich hier den großen Einfluß übergehen, den eine gute stehende Bühne auf den Geist der Nation haben würde. Nationalgeist eines Volks nenne ich die Ähnlichkeit und Übereinstimmung seiner Meinungen und Neigungen bei Gegenständen, worüber eine andere Nation anders meint und empfindet. Nur der Schaubühne ist es möglich, diese Übereinstimmung in einem hohen Grad zu bewirken, weil sie das ganze Gebiet des menschlichen Wissens durchwandert, alle Situationen des Lebens erschöpft und in alle Winkel des Herzens hinunter leuchtet; weil sie alle Stände und Klassen in sich vereinigt und den gebahntesten Weg zum Verstand und zum Herzen hat.

... Die menschliche Natur erträgt es nicht, ununterbrochen und ewig auf der Folter der Geschäfte zu liegen; die Reize der Sinne sterben mit ihrer Befriedigung. Der Mensch, überladen von tierischem Genuß, der langen Anstrengung müde, vom ewigen Triebe nach Tätigkeit gequält, dürstet nach bessern, auserlesenern Vergnügungen, oder stürzt zügellos in wilde Zerstreuungen, die seinen Hinfall beschleunigen und die Ruhe der Gesellschaft zerstören. Bacchantische Freuden, verderbliches Spiel, tausend Rasereien, die der Müßiggang ausheckt, sind unvermeidlich, wenn der Gesetzgeber diesen Hang des Volks nicht zu lenken weiß. Der Mann von Geschäften ist in Gefahr, ein Leben, das er dem Staat so großmütig hinopferte, mit dem unseligen Spleen abzubüßen – der Gelehrte, zum dumpfen Pedanten herabzusinken – der Pöbel zum Tier. Die Schaubühne ist die Stiftung, wo sich Vergnügen mit Unterricht, Ruhe mit Anstrengung, Kurzweil mit Bildung gattet, wo keine Kraft der Seele zum Nachteil der andern gespannt, kein Vergnügen auf Unkosten des Ganzen genossen wird.

... in dieser künstlichen Welt träumen wir die wirkliche hinweg, wir werden uns selbst wiedergegeben, unsere

Empfindung erwacht, heilsame Leidenschaften erschüttern unsre schlummernde Natur und treiben das Blut in frischeren Wallungen ...

... wenn Menschen aus allen Kreisen und Zonen und Ständen, abgeworfen jede Fessel der Künstelei und der Mode, herausgerissen aus jedem Drange des Schicksals, durch *eine* allwebende Sympathie verbrüdert, in *ein* Geschlecht wieder aufgelöst, ihrer selbst und der Welt vergessen und ihrem himmlischen Ursprung sich nähern. Jeder einzelne genießt die Entzükkungen aller, die verstärkt und verschönert aus hundert Augen auf ihn zurückfallen, und seine Brust gibt jetzt nur *einer* Empfindung Raum – es ist diese: ein *Mensch* zu sein.*

II. D. 4. Schiller: Freigeistereid der Leidenschaft (1782)

Als Laura vermählt war, im Jahre 1782

Nein – länger, länger werd ich diesen Kampf nicht kämpfen,
  Den Riesenkampf der Pflicht.
Kannst du des Herzens Flammentrieb nicht dämpfen,
  So fordre, Tugend, dieses Opfer nicht.

Geschworen hab' ich's, ja, ich hab's geschworen,
  Mich selbst zu bändigen.

* Schillers Ausführungen sind hier besonders ausführlich zitiert, da eine weit verbreitete selektive Wahrnehmung sich vor allem darauf beschränkt, in diesem Aufsatz die Propagierung der Richterrolle der Bühne über die politischen Herrscher der Zeit wahrzunehmen. So bleibt auch ein Fundamentalwerk über jene Zeit, **Reinhart Kosellek,** Kritik und Krise (1959), Frankfurt/M. 1973, S. 81–86, auf mehr als einem Auge blind, wenn Schillers Ausführungen neben anderen seiner Zeit nur im Sinne von „Kunst als Antipode der bestehenden Herrschaft" (a. a. O., S. 83) vorgestellt werden.

Hier ist dein Kranz. Er sey auf Ewig nur verloren,
Nimm ihn zurück und laß mich sündigen.

Sieh, Göttin, mich zu deines Thrones Stufen,
Wo ich noch jüngst, ein frecher Beter, lag;
Mein übereilter Eid sey widerrufen,
Vernichtet sey der schreckliche Vertrag.

Den du im süßen Taumel einer warmen Stunde
Vom Träumenden erzwangst,
Mit meinem heißen Blut in unerlaubtem Bunde,
Betrügerisch aus meinem Busen rangst.

Wo sind die Feuer, die elektrisch mich durchwallten,
Und wo der starke, kühne Talisman?
In jenem Wahnwitz will ich meinen Schwur dir halten,
Worin ich unbesonnen ihn getan.

Zerrissen sey, was du und ich bedungen haben,
Sie liebt mich – deine Krone sey verscherzt,
Glückselig, wer in Wonnentrunkenheit begraben,
So leicht, wie ich, den tiefen Fall verschmerzt.

Sie sieht den Wurm an meiner Jugend Blüthe nagen,
Und meinen Lenz entflohn,
Verwundert still mein heldenmüthiges Entsagen,
Und großmuthsvoll beschließt sie meinen Lohn.

Mißtraue, schöne Seele, dieser Engelsgüte!
Dein Mitleid waffnet zum Verbrecher mich:
Gibt's in des Lebens unermeßlichem Gebiete,
Gibt's einen andern, schönern Lohn – als dich?

Als das Verbrechen, das ich ewig fliehen wollte?
Entsetzliches Geschick!
Der einzge Lohn, der meine Tugend krönen sollte,
Ist meiner Tugend letzter Augenblick.

Des wollustreichen Giftes voll, vergessen,
Vor wem ich zittern muß,
Wag ich es stumm an meinen Busen sie zu pressen,
Auf ihren Lippen brennt mein erster Kuß;

Wie schnell auf sein allmächtig glühendes Berühren,
Wie schnell, o Laura, floß
Das dünne Siegel ab von übereilten Schwüren,
Sprang deiner Pflicht Tyrannenkette los.

Jetzt schlug sie laut, die heiß erflehte Schäferstunde,
Jetzt dämmerte mein Glück –
Empörung zitterte auf deinem brennden Munde,
Erhörung schwamm in deinem feuchten Blick.

Mir schauderte vor dem so nahen Glücke,
Und ich errang es nicht;
Vor deiner Gottheit taumelte mein Muth zurücke,
Ich Rasender! und ich errang es nicht!

Woher dieß Zittern, dieß unnennbare Entsetzen,
Wenn mich dein liebevoller Arm umschlang?
Weil dich ein Eid, den auch schon Wallungen verletzen,
In fremde Fesseln zwang?

Weil ein Gebrauch, den die Gesetze heilig prägen,
Des Zufalls schwere Missethat geweiht?
Nein – unerschrocken trotz' ich einem Bund entgegen,
Den die erröthende Natur bereut.

O zittre nicht – du hast als Sünderin geschworen,
Ein Meineid ist der Reue fromme Pflicht.
Das Herz war mein, das du vor dem Altar verloren,
Mit Menschenfreuden spielt der Himmel nicht.

Zum Kampf auf die Vernichtung sey er vorgeladen,
  An den der feierliche Spruch dich band.
Die Vorsicht kann dem überflüss'gen Geist entrathen,
  Für den sie keine Seligkeit erfand.

Getrennt von dir – warum bin ich geworden?
  Weil du bist, schuf mich Gott!
Er widerrufe, oder lerne Geister morden,
  Und flüchte sich vor seines Wurmes Spott.

Sanftmüthigster der fühlenden Dämonen,
  Zum Wütherich verzerrt dich Menschenwahn!
Dich sollten meine Qualen nur belohnen,
  Und diesen Nero beten Geister an?

Dich hatten sie als den Allguten mir gepriesen,
  Als Vater mir gemalt?
So wucherst du mit deinen Paradiesen?
  Mit meinen Thränen machst du dich bezahlt?

Besticht man dich mit blutendem Entsagen?
  Durch eine Hölle nur?
Kannst du zu deinem Himmel keine Brücke schlagen,
  Nur auf der Folter merkt dich die Natur?

O diesem Gott laßt unsre Tempel uns verschließen,
  Kein Loblied feire ihn,
Und keine Freudenthräne soll ihm weiter fließen,
  Er hat auf Immer seinen Lohn dahin.

1786. Schiller ließ dies Gedicht zuerst in der Thalia, Bd. I., Heft 2, S. 64-68 abdrucken, und kürzte es später, als er es unter dem Titel „der Kampf" den Werken einverleibte, bedeutend ab. Aber es verlosch dabei jene kühne Originalität, die ihm eigen ist, und das Publikum wird mir also die vollständige Mittheilung desselben danken. – In der Thalia schickte der Dichter folgende Bemerkung voran:

„Ich habe um so weniger Anstand genommen, die zwei folgenden Gedichte („Freigeisterei der Leidenschaft“ und „Resignation“) hier aufzunehmen, da ich von jedem Leser erwarten kann, er werde so billig seyn, eine Aufwallung der Leidenschaft nicht für ein philosophisches System und die Verzweiflung eines erdichteten Liebhabers nicht für das Glaubensbekenntnis des Dichters anzusehen. Widrigenfalls möchte es übel um den dramatischen Dichter aussehen, dessen Intrige selten ohne einen Bösewicht fortgeführt werden kann: und Milton und Klopstock müßten um so schlechtere Menschen gewesen seyn, je besser ihre Teufel ihnen gelangen.“

(Nachträge zu Schillers sämmtlichen Werken, hg. von **Ed. Boas,** Bd. 1, Neue Ausgabe, 1853, S. 202-206)

III. Arbeitsfragen

Zu Kapitel II, A:

a) Welche Herrschaftsziele verfolgt der Absolutismus? (A,1)
b) In welchem Verhältnis steht der Absolutismus in Württemberg zu den Gepflogenheiten des Zeitalters? (A, 4, 1, 3)
c) In welcher Weise und von welcher Seite her stellt Schiller das politische System des Absolutismus in den Bereichen Fürst, Hof, Staatsverwaltung, Außenpolitik, Bürger und Untertanen dar? Gefragt ist nach dem allgemeinen Aspekt der Darstellung, nicht nach einer Charakteristik einzelner Personen.
d) Scheint die Darstellung der Lebensweise von Hof und Adel in „Kabale und Liebe" übertrieben? (A,3 – Kabale, Akt I, Szene 5–7, II,1,3,6 III,1–3, IV,6–9.
e) Inwieweit spielt der Präsident von Walter seine Rolle als Politiker im absolutistischen Herrschaftsgefüge? (I,5–7, II,6,7, II,1–3, IV,5, V,8)
f) In welcher Weise konnte der Absolutismus in Württemberg zur Darstellung absolutistischer Herrschaftsweise in „Kabale und Liebe" beitragen? (vgl. Frage **b**, II,1–3, IV, 6–9)
g) Welche Bedeutung hat die ständische Ordnung der Gesellschaft für das Liebesverhältnis von Ferdinand und Luise? Welche Positionen nehmen die beiden Liebenden ein? (A,2 – I,1,3,4, II,4,6,7, III,4, IV,7)
h) Wie stellen sich der alte Miller und seine Frau zu den Fragen der Standesschranken? (I,1–3, II,4,5)
i) Welche unausgesprochenen, den Zeitgenossen des Stückes aber zweifellos bekannten Gründe sprechen gegen eine Heirat ‚zwischen' den Ständen? (A,2 – vgl. auch II,7)

j) Welche Rolle spielt der Sekretär Wurm innerhalb des Standesgefüges als auch im Privatleben? (A, 2, vgl. auch B,2,3 – I,2, III,1–3,6, V,8)
k) Welchen Platz nimmt die Mätresse Lady Milford in der Gesellschaft ein? (II,1–3, IV,8,9)
l) Welche Züge zeigt die Persönlichkeit der Lady Milford, und zwar von ihrer Autobiographie wie von ihrer politischen Haltung her?
m) Welche Qualitäten zeichnen die Mitglieder der Hofgesellschaft insgesamt aus und in welchen Qualitäten unterscheiden sie sich, welche Staatsgeschäfte nehmen sie wahr:
der Hofmarschall von Kalb (I,6, III,2, IV,3,9),
die Mätresse Lady Milford (s. die folgenden Fragen), der Sekretär Wurm (s. o. Frage k), s. u. Frage II, B, g), der Präsident von Walter (s. o. Fragen e), h)), der Major Ferdinand von Walter (s. o. Frage g), s. u. II, B, h), II, C, c))?
n) Welche Rolle spielt der „Herzog" in „Kabale und Liebe"? (I, 5, II, 2, 3, 6, gegen Ende, III, 1, 6, IV, 9)

Zu Kapitel II, B:
a) In welcher Weise denken Luise und der alte Miller daran, das Handeln der Staatsmaschine zu ihren Gunsten beeinflussen zu können? Welches gesellschaftliche Grundverständnis spiegelt sich in diesem Vorhaben wider?
Zeigt sich in diesem Verhalten – wie auch im Auftreten des alten Miller gegenüber dem Präsidenten – eine politische Einschätzung der Gesellschaft? (B,1 – I,1, II,6, III,6)
b) In welcher Weise findet sich in der literarischen Darstellung der Familie Miller die allgemeine Lebenshaltung und Lebensauffassung der (klein-)bürgerlichen Familie wieder? (B,1 – I,1–3, II,4,5 V,1)

c) Wie kann man das Verhalten der Frau Miller (I,1, II,4) sowie dasjenige ihres Mannes am Schluß des Dramas (V,5) deuten, das beide in Bezug zu den Zuwendungen Ferdinands an den Tag legen? (B,1)

d) In welcher Weise wirkt die kleinbürgerliche Lebenshaltung auf die Handlungsabsichten Luises ein? (A,2, B,1,2, – I,3, IV,7 gegen Ende, V,1)

e) Welche Rolle spielt die Institution der Familie bei Überlegungen, Handlungen und Rechtfertigungen
1. bei den Millers (I,1–3, II,4, V,1),
2. im Verhältnis des Präsidenten zu seinem Sohn Ferdinand (B,2 – I,7, II,6,7, III,4, IV,5, V,7,8)

f) Wie verhält sich Miller gegenüber seiner Frau (I,1,2, II,4,5), wie gegenüber seiner Tochter Luise (I,3, II,5, V,1,6)? (B,2,3)

g) Welchen Ehevorstellungen entspricht das Verhalten und die Position Wurms? (B,2 – I,2,5, III,6 gegen Ende)

h) Wie bestimmen die Auffassungen von Liebe bei Ferdinand (III,4, IV,4, V,2) und Luise (I,3, IV,7) die Auswege, die beide aus ihrer Situation suchen, und wie bestimmen sie damit den Ausgang des Dramas? (Vgl. Frage II,A,**g**)

i) In welcher Weise setzt die Kabale die Standesgerichtsbarkeit gegen Luise ein? (B,4 – II,6,7)

j) Wie ist Luises Selbstmordplan angesichts der möglichen strafrechtlichen Folgen ihres Liebesverhältnisses zu beurteilen? (B, 4)

Zu Kapitel II, C:

a) Welchen Frauenbildern entsprechen die Gestalten von Lady Milford und Luise Millerin? Wer ist die ‚modernere‘ von beiden? (B,12, C,2 – s. o. Fragen II, A, **e**, II, B, **h**)

b) Welches Frauenbild verwirklicht sich im Verhalten Ferdinands gegenüber Luise (I,4, II,5, III,4) und gegenüber Lady Milford (II,3)? (C,2,3)

c) Welche Rolle spielt für Ferdinand die Liebe in Hinsicht auf gesellschaftliche Institutionen wie auf die Standesgrenzen und auf die Familie? (I,4,7, III,4)

d) Welche charakteristischen Sturm-und-Drang-Züge finden sich in Ferdinand wieder? (B,2, C,2,3 – I,4,7, III,4, IV,1–4)

e) Kann Luise Ferdinand in seinen Anschauungen und Plänen folgen? Welche Einflüsse bestimmen ihr Denken und Handeln? (A,2, B,1 – I,3,4, III,4, IV,7, V,1,7)

f) In welchem Zusammenhang spielen nationale Anklänge, wie sie im Sturm und Drang gelegentlich zu finden sind, in „Kabale und Liebe" eine Rolle? Welchen Inhalt haben diese Anspielungen und wer trägt sie vor, von wem sind in keinster Form nationale Anklänge zu hören? (C,3 – I,7, II,3, III,1,4, IV,9)

g) Auf welche Weise in Bezug auf Handlung, Stoff und Figuren konnte Schiller auf literarische Vorbilder zurückgreifen? (C,4)

h) Welche Wurzeln der Kritik am absolutistischen Regiment fließen in „Kabale und Liebe" zusammen? (C,1–3)

i) Welches Eheideal scheint bei Ferdinand und Luise durch? (I,4, II,5, III,4); In welchem Verhältnis steht diese Vorstellung zur vom Präsidenten angeordneten Ehe Ferdinands mit Lady Milford? Welche Auffassung vertritt Lady Milford selbst? (II,1) (A,2, B,3, vgl. auch C,2)

j) Vergleiche die Gestalt des Franz Moor in Schillers Stück „Die Räuber" (I,1) und diejenige Wurms in „Kabale und Liebe" (I,2 gegen Ende).

k) Welche Bedeutung spielt die äußere Gestalt der beiden?

l) Welche Schlußfolgerungen sind aus der Lebensgeschichte und der Physiognomie der beiden Bösewichter auf den Grad ihrer Schuld an verbrecherischen Unternehmungen zu ziehen?

m) Welche grundsätzlichen Überlegungen stellen der Sekretär Wurm und der Präsident bei der Konzeption der Kabale an, was beziehen sie in ihre Überlegungen mit ein? Mit welchen Mitteln will die Kabale ihr Ziel erreichen? In welcher Weise werden die Menschen betrachtet und behandelt? (A,3, B, C,4,b – III,1)

Zu Kapitel II, D:

a) Auf welche Weise brachte man im 18. Jahrhundert politische Kritik an? (D,1)
b) Wie unterscheidet sich Schillers Gesellschaftskritik in „Kabale und Liebe" von kritischen literarischen Äußerungen um 1750? (D,1, C,3,4)
c) Inwiefern spielt Schiller auf die Vertragslehren der Staatstheoretiker an? (D,2 – IV,9)
d) Welche Schlußfolgerung spart Schiller bei dieser Anspielung aus?
e) Wie ist die Anspielung in Bezug auf kritisches Verhalten zum Absolutismus politisch zu werten?
f) Welcher Art ist der politische Protest der Lady Milford? (II,2,3, IV,8,9)
g) Ist der Lösungsversuch, den Ferdinand schließlich aus der Verfahrenheit seiner Situation heraus unternimmt, aus politischer Motivation heraus entstanden und durchgehalten? (C,2, A,2,3 – I,7, II,5,6,7 III,4, IV,2–5, V,2–8, vgl. die Fragen II, A, **g**; II, B, **h**) Welche Konsequenzen ergeben sich aus der Beantwortung der Frage für eine Beurteilung der ‚Stürmer und Dränger'?
h) Welche Geisteshaltung trägt am Schluß des Dramas schließlich den Sieg davon?
i) In welchem Licht steht das überkommene politische System?
j) Erscheint nach den Opfern von Luise und Ferdinand mit der Verhaftung von Wurm und dem Präsidenten von Walter eine Aus-

sicht auf ein neues politisches Regiment oder ein neues politisches System? – Welche Personen oder Gesellschaftsschichten (Kleinbürgertum und Adel) verkörpern im Drama fortschrittliche gesellschaftspolitische Vorstellungen? Ist es vor allem die unterdrückte Klasse?

k) In welcher Weise kann Schiller damit rechnen, daß er mit seinen Überlegungen zur Schaubühne auf ein schon vorhandenes kritisches und literarisches Vorverständnis zählen kann? (D,1,3)

l) Welchen Rang nimmt die Schaubühne im Gesamt der menschlichen Geistestätigkeit und der menschlichen Informationsverarbeitung ein?
Wie weit spannt sich überhaupt der Bogen der Schillerschen Ausführungen über Bereiche des menschlichen und gesellschaftlichen Lebens?

m) Auf welche Weise hilft das Theater den Menschen, sich im Leben und in der Gesellschaft zurechtzufinden?

n) An wen richtet sich die Botschaft der Schaubühne?

o) In welche Richtung zielt die Kritik und die Botschaft der Schaubühne?

p) Wem nützt die Schaubühne?

q) Wie kann man nach Kenntnis der Darlegungen zur Schaubühne die Zielrichtung der Kritik und das Gewicht der politischen Aussage von „Kabale und Liebe" bewerten? (Vgl. die Fragen **h-j**)

r) Vergleiche die Auffassung von der Liebe und der Ehe in dem Gedicht „Freigeisterei der Leidenschaft" mit den in „Kabale und Liebe" dargestellten Positionen des Hofes, Ferdinands und Luises. Wie steht Schillers Aussage in dem Gedicht zur Schlußaussage des Dramas? (Vgl. die Fragen II, B, **h**; II, C, **c**)

s) In welchem Bezug steht Schillers Selbstkommentar zu seinem Gedicht zum Gehalt von „Kabale und Liebe"?

IV. Literaturverzeichnis

Das Literaturverzeichnis nennt im wesentlichen nur die im vorliegenden Band benutzten Bücher. Weitergehende Hinweise sind den zitierten Werken zu entnehmen. Eine wissenschaftlichen Ansprüchen genügende Bibliographie ist nicht angestrebt. Zu Schiller und zum zeitgeschichtlichen Horizont vergleiche auch die Angaben in **M. H. Ludwig,** Erläuterungen zu Friedrich Schiller „Die Räuber", Hollfeld 1978 (Königs Erläuterungen Bd. 28/28a).

Werkausgaben Schillers

Friedrich Schiller, Die Räuber. Ein Schauspiel (1781) Stuttgart 1975 (Reclams UB 15).

Friedrich Schiller, Kabale und Liebe. Ein bürgerliches Trauerspiel (1784), Stuttgart 1978 (Reclams UB 33).

Friedrich Schiller, Die Dramen des Sturm und Drang, Hrsg. Fricke/Göpfert, München 1978 (dtv-bibliothek 6097).

Schillers Werke, Vollständige Ausgabe in fünfzehn Teilen. Aufgrund der Hempelschen Ausgabe neu herausgegeben von *Artur Kutscher,* Berlin u. a. (Bong), o. J. (1909).

Nachträge zu Schillers sämtlichen Werken. Gesammelt und herausgegeben von *Eduard Boas,* Neue Ausgabe, zwei Bde. Stuttgart 1853.

Sekundärliteratur aus den Bereichen der Literaturwissenschaft und der Literaturkritik

Heinz Otto Burger, Die bürgerliche Sitte. Schillers ‚Kabale und Liebe' (1957), in: *ders.*: ‚Dasein heißt eine Rolle spielen'. Studien zur deutschen Literaturgeschichte, München 1963, S. 194–210.

Friedrich Burschell, Friedrich Schiller in Selbstzeugnissen und Dokumenten, Reinbek 1958 u. ö. (rowohlts monographien 14).

ders., Schiller, Reinbek 1968.

Rudolf Ibel, Friedrich Schiller ‚Kabale und Liebe'. Grundlagen und Gedanken zum Verständnis des Dramas, Frankfurt/M. u. a., 7. Auflage 1976.

Ulrich Karthaus, Sturm und Drang und Empfindsamkeit, Stuttgart 1976 (O. F. Best / H.-J. Schmitt, Hrsg., Die deutsche Literatur. Ein Abriß in Text und Darstellung, Bd. 6) (Reclams UE 9621).

Robert Koenig, Deutsche Literaturgeschichte, Bielefeld/Leipzig 1879.

Helmut Koopmann, Friedrich Schiller I: 1759 – 1794, Stuttgart 1966 (Smlg. Metzler 50).

Franz Mehring, Schiller. Ein Lebensbild für deutsche Arbeiter (1905), Berlin (Gebrüder Weiss Verlag) o. J.

Richard Newald, Von Klopstock bis Goethes Tod I: Ende der Aufklärung und Vorbereitung der Klassik, München 1957 u. ö. (Geschichte der deutschen Literatur, Hrsg. H. de Boor / R. Newald, Bd. VI, 1).

Gerhard Storz, Der Dichter Friedrich Schiller, 3. Auflage, Stuttgart 1963.

Oswald Woyte, Erläuterungen zu Schillers Jugenddrama ‚Kabale und Liebe' (Luise Millerin), 18. Auflage Hollfeld o. J.

Literatur zur Geschichte und zur Geistesgeschichte

Erich Bayer, Wörterbuch zur Geschichte, Stuttgart 1960, Kröners Taschenausgabe 289).

Karl Martin Bolte/Dieter Kappe, Struktur und Entwicklung der Bevölkerung, in: *K. M. Bolte,* Deutsche Gesellschaft im Wandel, 2. Auflage Opladen 1967, S. 67–164.

Curt Gebauer, Geistige Strömungen und Sittlichkeit im 18. Jahrhundert. Beiträge zur deutschen Moralgeschichte, Berlin 1931.

Eduard Heilfron, Deutsche Rechtsgeschichte. Staatsrecht. Kirchenrecht, 5. Auflage Berlin 1900 (*Ed. Heilfron,* Das Bürgerliche Recht, I. Teil: Geschichte des Bürgerlichen Rechts, II. Abteilung).

Fritz Hartung, Deutsche Verfassungsgeschichte. Vom 15. Jahrhundert bis zur Gegenwart, 8. Auflage Stuttgart 1950.

Paul Kampffmeyer, Geschichte der Gesellschaftsklassen in Deutschland, Berlin (Buchhandlung Vorwärts) 1910.

Reinhart Koselleck, Kritik und Krise. Eine Studie zur Pathogenese der bürgerlichen Welt (1959) Frankfurt/M. 1973 (suhrkamp Taschenbuch wissenschaft 36).

F. C. Schlossers Weltgeschichte für das deutsche Volk. Bearb. von *G. L. Kriegk,* Bd. 16, Frankfurt/M. 1854.

Theodor Schwarz, Denker der Politik. Geschichte der politischen Lehren, Zürich 1940.

Veit Valentin, Deutsche Geschichte. Eingeleitet und bis in die Gegenwart fortgeführt von *Albert Wucher* (München 1960), hier benutzt die Ausgabe der Büchergilde Gutenberg, Frankfurt/M. u. a. 1965.